Joachim Dangel

Warum haben wir Schwein, wenn wir Glück haben?

Zu diesem Buch

Wissen Sie, was eine Milchmädchenrechnung ist? Woher kommt der Ausdruck »schwedische Gardinen«? Weshalb zieht es ausgerechnet wie Hechtsuppe? Und warum haben wir Schwein, wenn wir Glück haben? Humorvoll und informativ verrät Joachim Dangel, was hinter den Redewendungen steckt, die wir tagtäglich benutzen. Außerdem löst er zahlreiche Rätsel des Alltags – zum Beispiel, warum Flugzeuge einen weißen Streifen hinterlassen, weshalb sich die Zeiger der Uhr rechtsherum drehen oder wieso Windräder immer drei Flügelblätter haben. Für dieses Buch hat Dangel die schönsten, skurrilsten und wissenswertesten Hörerfragen der erfolgreichen Radioserie »Fragen des Alltags« des Bayerischen Rundfunks ausgewählt. Dabei erfährt man Interessantes aus Wissenschaft, Technik und Geschichte, womit man auf der nächsten Party brillieren kann.

*Joachim Dangel*, geboren 1975 in Karlsruhe, arbeitete nach seinem Studium in Journalistik, Marketing und Betriebswirtschaft unter anderem bei Radio 7 in Esslingen, bei Radio France in Paris und als Projektmanager bei Hubert Burda Media, wo er am Aufbau der Burda Journalistenschule beteiligt war. Seit 2003 ist er Ressortleiter bei Radio Bayern 3 in München, wo er auch für die »Fragen des Alltags« zuständig ist.

Joachim Dangel

# Warum haben wir Schwein, wenn wir Glück haben?

Was steckt hinter unseren Redewendungen
und andere Fragen des Alltags

Piper München Zürich

*Mehr über unsere Autoren und Bücher:*
*www.piper.de*

Ungekürzte Taschenbuchausgabe
März 2009

Umschlaggestaltung: Cornelia Niere, München
Umschlagfoto: Mauritius/AGE/Mauritius Images
Autorenfoto: Bayern 3/Markus Konvalin
Satz: Ina Hesse
Druck und Bindung: CPI – Clausen & Bosse, Leck
Printed in Germany ISBN 978-3-492-26308-5

# Inhalt

# Vorwort

»Fragen des Alltags« ist eine Rubrik bei *Radio Bayern 3*, der Pop- und Servicewelle des *Bayerischen Rundfunks*. Werktags zwischen 9.00 und 12.00 Uhr beantworte ich in der Sendung *Bayern 3 der Vormittag* mit Katja Wunderlich und Roman Roell die Fragen unserer Hörer. Dass *Bayern 3* dreimal gut klingt, wissen unsere Hörer – schließlich lautet so der Slogan unseres Senders. Woher aber kommt neunmalklug? Oder siebengescheit?
Ob Redewendungen, Naturphänomene, Sprichwörter oder Fragen aus Physik und Chemie: Wir von *Bayern 3* recherchieren, was unsere Hörer schon immer wissen wollten.

Die Idee, aus dieser Rubrik ein Buch zu machen, entstand am 14. Februar 2007 – am Valentinstag. Treffender konnte der Tag nicht fallen, denn auch dieser Tag war schon im Programm Anlass zu einer Frage des Alltags: Warum ist ausgerechnet der Valentins-

tag der Tag der Liebenden und Verlobten? Und wer war dieser Valentin überhaupt?
Mit dem bayerischen Volksschauspieler und Komiker Karl Valentin hat der 14. Februar rein gar nichts zu tun – sein Name wird übrigens auch F-alentin gesprochen. Der wahre Namensgeber ist der heilige Valentin, der im dritten Jahrhundert nach Christus in Rom gelebt hat. Er war Priester und hat, obwohl es verboten war, Paare nach christlichem Ritus getraut. Außerdem soll er verliebten Paaren Blumen aus seinem Garten geschenkt haben. Das alles hat dem damaligen römischen Kaiser überhaupt nicht gefallen: Er ließ Valentin hinrichten – und zwar der Legende nach am 14. Februar 269. Belege für diese Geschichte gibt es allerdings nicht. Es ist sogar sehr wahrscheinlich, dass der Todestag des mutigen Priesters erst später auf dieses Datum gelegt wurde – und zwar ganz bewusst:
Am 14. Februar feierten die damals noch heidnischen Römer ein Fest zu Ehren der Göttin Juno, die als Beschützerin der Ehe galt. An diesem Tag haben sich verheiratete Römerinnen und Römer Blumen geschenkt. Die Christen übernahmen diesen heidnischen Brauch einfach, wie übrigens auch viele andere.
Im Mittelalter wurde der Valentinstag vor allem in Frankreich, Belgien und England gefeiert. In dieser Zeit entstand auch der alte Volksglaube, ein Mäd-

chen werde den ersten Mann, den es am Valentinstag erblickt, heiraten. Heiratswillige Männer haben deshalb ihrer Angebeteten am frühen Morgen einen Blumenstrauß geschenkt. Später kam der Valentinstag mit den Auswanderern nach Nordamerika. Nach dem Zweiten Weltkrieg brachten die GIs den Valentinstag wieder zurück ins alte Europa, nach Deutschland.

Und schon sind wir mittendrin in den Fragen des Alltags. In den folgenden Kapiteln finden Sie eine Auswahl der spannendsten Antworten, die wir in den letzten zwei Jahren gefunden haben. Nicht alle Fragen sind hundertprozentig zu klären, oft existieren mehrere Deutungen. In diesem Fall finden Sie im vorliegenden Buch die wahrscheinlichsten oder die amüsantesten.

Liebe Historiker, Sprachwissenschaftler, Physiker oder Chemiker, sehen Sie es mir bitte nach, wenn einige Erklärungen stark vereinfacht oder verkürzt wiedergegeben werden. Es geht mir vor allem darum, dass das Buch spannend und kurzweilig ist. Das Lesen soll Ihnen Spaß machen und ganz nebenbei auch noch jede Menge Wissen vermitteln.

Die erklärten Begriffe sind innerhalb der Kapitel durch **Fettdruck** hervorgehoben, so finden Sie jede Antwort auf einen Blick. Am Ende des Buches sind zusätzlich alle Begriffe alphabetisch in einem Register zusammengefasst. So können Sie in den Fragen des Alltags schmökern oder gezielt nachschlagen. Ich wünsche Ihnen viel Vergnügen, und dass Sie allzeit Schwein haben.

*Joachim Dangel*

# Was wir unseren Vorfahren nachplappern

»Ich weiß schon, was damit gemeint ist – aber ich habe keine Ahnung, warum wir das eigentlich sagen.« Ein Satz, den viele *Bayern-3*-Hörer mit auf das E-Mail-Formular schreiben, wenn sie uns ihre Frage des Alltags schicken. Und ganz ehrlich gesagt – viele Ausdrücke sind so alt, dass wir kaum mehr rekonstruieren können, wo sie ihren Ursprung haben. Was für unsere Vorfahren auf der Hand lag, wird bei uns zwar nach wie vor im Alltag verwendet, der Zusammenhang ist aber in vielen Fällen verloren gegangen. Glücklicherweise wurde aber auch vieles überliefert und kann heute noch erklärt werden. Und für einen Moment öffnet sich der Vorhang: so wie im Falle der **Gardinenpredigt**.

Klar, die hält die Frau ihrem Gatten, der mal wieder viel zu spät aus der Kneipe kommt. Ihren Worten verleiht sie aber wohl eher mit einem Nudelholz Nachdruck als mit einer Gardine. Den Ursprung

hat die Gardinenpredigt im 18. Jahrhundert. Damals schliefen die Menschen in einer Art Himmelbett mit Dach und mit Vorhängen. Diese Bettvorhänge, Gardinen genannt, wurden zum Schutz vor Blicken und gegen die Kälte zugezogen. Wenn nun die Frau abends alleine zu Bett gehen musste, weil ihr Mann noch beim Zechen war, zog sie die Gardinen trotzdem schon mal zu. Kam er dann mal wieder viel zu spät nach Hause, musste er sich vor der geschlossenen Gardine die Strafpredigt seiner erbosten Frau anhören.
In den Bauernhäusern stand das Bett in der großen Stube. Normalerweise tranken die Bauern mit ihren Nachbarn zu Hause, nicht im Wirtshaus. Sie bekamen trotzdem regelmäßig eine Gardinenpredigt zu hören, da die Frau wegen des Lärms nicht schlafen konnte. Da halfen auch die dicksten Gardinen nicht *(vgl. Zucken beim Einschlafen, S. 89)*.

!?!

Den alten Himmelbetten verdanken wir übrigens eine weitere Redensart. Im Holzbaldachin der Betten waren oftmals kleine geheime Fächer in die Balken eingearbeitet. Dort versteckten die Menschen ihre Ersparnisse. Gab es keine solche Schublade, wurde das Geld einfach oben auf den Holzbaldachin gelegt – die heute noch berühmte **hohe Kante**.

!?!

Viel Geld auf der hohen Kante kann auch heute nicht schaden. Es macht das Leben leichter und hilft, an der richtigen Stelle platziert, sich den einen oder anderen Vorteil zu verschaffen. Sie ahnen es schon: Die Rede ist von **Schmiergeld**. Auch das gibt es nicht erst, seit große Konzerne um weltweite Aufträge kämpfen, sondern schon so lange, dass es zunächst mal eine etwas andere Bedeutung hatte.
Die kaiserliche Amtspost wäre nichts gewesen ohne ihre Postkutschen, die neben Briefen und Paketen auch Reisende transportierten. Damit die Räder der Kutsche nicht allzu laut quietschten, musste der Kutscher die Achsen immer wieder schmieren. Das Geld für einmaliges Schmieren betrug laut einer Verordnung von 1818 beispielsweise zwei Groschen. Die etwas betuchteren Fahrgäste konnten es sich leisten, ein Extraschmiergeld zu bezahlen, damit die Achsen noch besser geschmiert und die Fahrt damit angenehmer wurde. Was schon damals war wie heute: Wer genug Geld hat, kann sich das Leben wesentlich einfacher machen. *(vgl. Schmiere stehen, S. 83)*.

!?!

Postkutscher ist lange nicht der einzige Beruf, der uns eine Redewendung beschert hat. Auch den Jä-

gern verdanken wir eine Phrase, die bestimmt jeder schon mal benutzt hat. Oder ist Ihnen noch nie etwas **durch die Lappen** gegangen?
Der Ausspruch kommt von der Treibjagd. Bei dieser haben die Treiber in früheren Jahrhunderten mit Stofffetzen – also mit Lappen – das Jagdgebiet abgegrenzt, um dem Wild die Fluchtwege zu versperren und den Jägern das Schießen zu erleichtern. Konnte das Tier dennoch ausbrechen, ging es seinen Verfolgern also im wahrsten Sinne des Wortes durch die Lappen.

!?!

Wir denken gar nicht darüber nach, aber so manches, das wir Tag für Tag sagen, ist ziemlich martialisch. Zum Beispiel, wenn wir erzählen, dass unser Sprössling die siebte Klasse nur **mit Hängen und Würgen** geschafft hat – also gerade noch so eben. Eigentlich hieß es zwischen Hängen und Würgen. Damit gemeint war »im letzten Augenblick«, also dann, wenn jemand schon am Galgen hing, aber gerade noch lebte. Und aus dem »zwischen Hängen und Würgen« wurde dann im 19. Jahrhundert »mit Hängen und Würgen«.

!?!

Lange nicht so schlimm, aber trotzdem sehr schmerzhaft ist die Erfahrung, sich etwas **hinter die Ohren** zu **schreiben**. Kugelschreiber gab es noch gar nicht, als diese Redensart entstand, denn das Hinter-die-Ohren-Schreiben ist ein uralter Rechtsbrauch aus dem Mittelalter.
Wenn damals beispielsweise zwei Männer die Grenze ihres Landes festgelegt haben, wurden die Söhne mitgenommen. Als Zeugen und damit auch in der nächsten Generation der Grenzverlauf nicht in Vergessenheit geraten konnte. An den wichtigsten Grenzpunkten zogen die Väter die Jungen an den Ohren oder verpassten ihnen gar eine schallende Ohrfeige – damit sie diese Stelle nie wieder vergessen würden. Der Verlauf der Grenze wurde ihnen also hinter die Ohren geschrieben.

\?/

Was ihren eigenen Besitz anbelangte, konnte sie deshalb auch so schnell keiner mehr **übers Ohr hauen**. Diese Redewendung hat mit der vorhergehenden so rein gar nichts zu tun – ihr Ursprung liegt im sportlichen Bereich. Genauer: Bei den schlagenden Verbindungen, die es seit dem 16. Jahrhundert gibt.
In diesen Verbindungen wurde gefochten – zur Selbstverteidigung, aber auch zur Persönlichkeitsbildung. Beim Fechten verwandten die Studenten eine

besonders trickreiche Hiebtechnik, die meist völlig überraschend aus der Defensive geschlagen wurde. Dieser Hieb traf am Kopf – oberhalb der Ohren. Auch in der heutigen Bedeutung ist es meistens überraschend – wenn man bemerkt, dass man übers Ohr gehauen wurde.

!?!

Bleiben wir bei den Ohren. Wie jemand zum **Schlitzohr** wurde, lässt sich nicht mehr eindeutig zuordnen, denn es gibt eine Menge Erklärungen dafür. Eines haben sie alle gemeinsam: Sie sind grausam und schmerzhaft.
Dieben wurde früher die rechte Hand abgehackt. Bei kleineren Betrügereien war die Strafe etwas weniger brutal: Den Strolchen wurden die Ohren eingeschlitzt. Damit schlugen die Richter zwei Fliegen mit einer Klappe. Die Täter waren bestraft und alle anderen wurden vor ihren Betrügereien geschützt. Denn das Schlitzohr konnte jeder sehen.
Glaubt man anderen Quellen, waren am Schlitz im Ohr Handwerker zu erkennen, die sich etwas zuschulden hatten kommen lassen. Wer sich nicht an die Regeln hielt, wurde aus der Zunft ausgestoßen und für immer gekennzeichnet, indem man ihm den Zunft-Ohrring ausriss. Ganz nebenbei: Der Ohrring, den zum Beispiel alle Zimmermannsgesellen

trugen, war meist der einzige Reichtum, mit dem später das Begräbnis bezahlt werden sollte.
Es wird auch behauptet, dass jemand, der beim Lauschen an einer Tür ertappt worden war, mit dem Ohr an die Tür genagelt wurde. Das gleiche Schicksal trifft in einer anderen Erzählung einen Bäcker, der zu kleine Brötchen backte. Er wurde ans Kirchentor genagelt. Wie es dann zu dem Schlitzohr kam, muss wohl nicht eigens beschrieben werden.

!?!

Kommen wir lieber wieder zu erfreulicheren Dingen. Feste, Feiern, gutes Essen ... Bei solchen Gelegenheiten lässt es sich einfach nicht vermeiden, dass wir ab und zu **über die Stränge schlagen**. Doch während wir bei diesen Worten an Völlerei und Trägheit denken, ist es im eigentlichen Wortsinn sehr anstrengend, über die Stränge zu schlagen. Und genau genommen tun es auch nicht wir, sondern – Pferde.
Die Stränge sind dabei nichts anderes als die Lederriemen des Geschirrs, mit denen das Pferd an der Kutsche oder am Schlitten festgemacht wird. Früher waren das übrigens dicke Stricke – da wird die Verwandtschaft mit dem Strang noch deutlicher. Wenn nun das Pferd sauer oder einfach übermütig ist, keilt es aus und schlägt mit den Hinterhufen nach oben – über die Stränge.

!?!

Wer bei einem rauschenden Fest über die Stränge schlägt – und vielleicht ein bisschen zu tief ins Glas schaut –, wird oft ebenfalls übermütig. Und mutig. Da fällt es plötzlich um einiges leichter, die hübsche Dame, die schon den ganzen Abend allein in der Ecke steht, anzusprechen. Eigentlich kann nichts mehr schiefgehen … Obwohl: Sie könnte dem mutigen Kavalier **einen Korb geben**.

In mittelalterlichen Erzählungen wird beschrieben, wie die Dame einen Verehrer in einem Korb zu ihrem Fenster hinaufzieht, in dem normalerweise schwere Lasten von unten in das Lager im Dachboden befördert wurden. War der Verehrer allerdings unerwünscht, so ließ ihn die Dame auf halber Höhe hängen und machte ihn so zum Gespött des ganzen Dorfes.

Dieses Ritual gab es auch in einer etwas abgeänderten Form – man kann auch sagen, dass die Frauen die Showeinlage noch etwas verbesserten: Sie sorgten dafür, dass der Korb einen lockeren Boden hatte und der Freier durch den Korbboden auf die Straße fiel.

Und jetzt sind wir ganz nahe bei der uns heute noch bekannten Redewendung. Aus dem bodenlosen Fensterkorb entwickelte sich der Brauch, einem ungeliebten Verehrer einen Korb ohne Boden zu schicken. Beispielsweise als Zeichen dafür, dass sein Heiratsantrag auf wenig Gegenliebe gestoßen war. Übrigens kommt daher wohl auch **die bodenlose Frechheit**.

!?!

Aber lieber einen Korb nach dem andern einstecken, als ewig von den Frauen hingehalten zu werden, nur weil die ihre Entscheidung **auf die lange Bank schieben**.

Diese lange Bank gibt es wirklich. Sie steht heute noch im alten Rathaus von Regensburg. Die Geschichte dieser langen Bank geht so: Im Alten Rathaus zu Regensburg berieten zu Zeiten des Immerwährenden Reichstags (1663–1806) die Kurfürsten *(vgl. Am grünen Tisch, S. 97)*. Jede Entscheidung musste einstimmig getroffen werden. Konnte ein Sitzungspunkt nicht sofort einstimmig beschlossen werden, wurde das entsprechende Aktenbündel an den Anfang einer der beiden langen Längsbänke im Saal gelegt. So lange, bis es zu gegebener Zeit erneut zur Beratung herangezogen wurde.

Konnte jedoch zu mehreren Eingaben keine Einstimmigkeit erzielt werden, so wurde ein Aktenbündel nach dem anderen auf die lange Bank geschoben. Die Aktenreihe wurde immer länger und die Entscheidung immer weiter verzögert. So, wie wir das heute noch gerne mit unschönen Entscheidungen machen.

!?!

Zum Schluss dieses Kapitels muss noch eine wichtige Zahlenfrage geklärt werden. Warum sind die Schlaumeier unter uns ausgerechnet **neunmalklug** oder **siebengescheit**? Und nicht zehnmalgescheit und fünfmalklug? Auch das haben wir unseren Vorfahren zu verdanken. Die Siebengescheiten beziehen sich wohl auf die sieben freien Künste, die »artes liberales«. Diese bilden seit dem siebten Jahrhundert die abendländischen Grundwissenschaften. Dazu zählen Grammatik, Rhetorik, Dialektik, Arithmetik, Geometrie, Musik und Astronomie. Wer sich in jedem dieser sieben Bereiche gut auskannte, galt somit als siebengescheit.
Eine zweite Theorie – und die schließt neunmalklug mit ein – stützt sich auf die sogenannten Sachverständigen-Räte. Das waren Schiedsgerichte, die für Bau-, Flur- oder Grenzfragen zuständig waren. Sie bestanden aus sieben oder neun Personen. Jemand, der so viel von seinem Fach verstand wie diese, war also siebengescheit oder neunmalklug – oder vielleicht sogar beides. In der heutigen Bedeutung gehen uns diese Menschen aber eher so ein kleines bisschen auf den Geist *(vgl. Fünfe gerade sein lassen, S. 40)*.

# Geheimnisse aus Teufels Küche

Teufels Küche – das klingt irgendwie Furcht einflößend. An die Geheimnisse aus Teufels Küche zu kommen klingt wiederum äußerst verlockend. Und ich kann Ihnen jetzt schon versprechen: Die verlockenden Speisen und Getränke überwiegen in diesem Kapitel. Trotzdem kommen wir nicht umhin, zunächst zu klären, wo die Teufelsküche zu finden ist, und wie Sie **in Teufels Küche kommen**. Dazu brauchen Sie erst einmal jemanden, der Sie dorthin bringt. – Also, folgen Sie mir …
»Erfunden« wurde Teufels Küche im Mittelalter. Da stellten sich die Leute die Hölle als eine Art Hexenküche vor, in die böse Menschen geschickt werden. Und in ebendieser Hexenküche, in der die Sünder über dem Feuer geschmort wurden, stand der Teufel höchstpersönlich am Herd. Wer in Teufels Küche kam, der war also eigentlich in die Hölle gekommen.

!?!

Aber genug gefürchtet. Auf diesen Schreck sollten wir uns erst mal einen kräftigen Schluck genehmigen. Auf die Idee, Bier, Wein oder andere Getränke in einem **Saftladen** zu kaufen, würde heutzutage wohl niemand kommen. Wer will sich schon mit miesem Service und unfreundlichem Verkaufspersonal herumschlagen? Früher war das ganz anders.
Erstmals belegt wurde der Saftladen im 19. Jahrhundert. In der Gegend um Berlin wurde er als humorvolle Bezeichnung für Apotheken verwendet, die verschiedene Kräutersäfte im Sortiment hatten. Zu Beginn des 20. Jahrhunderts waren mit Saftladen dann tatsächlich Likörgeschäfte und Bierbars gemeint. Und weil so manche Spelunke einen schlechten Ruf hatte, wurde der Begriff Saftladen schließlich grundsätzlich für Geschäfte gebraucht, in denen der Service nicht stimmte und die Angestellten nicht gerade die Freundlichkeit in Person waren.

!?!

Glücklicherweise gibt es auch genügend Geschäfte, Wirtshäuser und Bars mit gutem Service. Und sicherlich kennt jeder von Ihnen eine freundliche Bedienung, die Ihnen mit einem Lächeln Ihr **Radler** serviert – auch, wenn Sie nicht mit dem Fahrrad da sind.
Aber woher kommt das Radler? Es kommt aus dem

Süden von München, aus Oberhaching. Dort wurde es 1922 an einem heißen Junisamstag erfunden – von Franz Xaver Kugler, dem Wirt der Kugler-Alm. Seine Gaststätte wurde vor allem von Radfahrern aus der nahen Stadt besucht. An eben diesem heißen Junisamstag drohte Franz Xaver Kugler das Bier auszugehen. Weil noch mehr als genug Zitronenlimonade im Haus war, hat er einfach Bier und Limo gemischt und als ideales Erfrischungsgetränk für Radfahrer angeboten. Die Mischung fand reißenden Absatz und das Radler war geboren – damals übrigens noch gemischt mit dunklem Bier.

!?!

Wer auf sein Radler beispielsweise auch in Hamburg nicht verzichten will, der muss beim Bestellen umdenken. Dort heißt das Radler nämlich **Alsterwasser**. Seinen Namen hat das Alsterwasser vom gleichnamigen Fluss bekommen. Der Grund: Angeblich hat der Bier-Limo-Mix die gleiche Farbe wie das Wasser der Alster.

!?!

Nun gibt es auch Menschen, die statt Radler (beziehungsweise Alsterwasser) lieber einen **Russen** trinken. Oder, wenn der Durst sehr groß ist, sogar die in Bayern beliebte Russn-Mass. Auch bei diesem Getränk handelt es sich um einen Bier-Limo-Mix – in diesem Fall aber mit Weißbier. Und warum diese Mischung ausgerechnet Russe heißt – dafür hat der Deutsche Brauereibund gleich drei Erklärungen:

Die erste stammt aus der Zeit der Inflationsjahre von 1919 bis 1923. Weil Rohstoffe damals knapp waren, versuchte man schwächeres Bier zu brauen. Das klappte vor allem bei Weißbier sehr gut. Und um noch mehr zu sparen, wurde das Weißbier mit Zitronenlimonade gestreckt. Dieses süße Getränk hat wohl vor allem den russischen Landarbeitern geschmeckt – daher der Name Russn-Mass.

Eine zweite Deutung setzt an einer ganz anderen Stelle an. Demnach hieß das Getränk ursprünglich »Riesen-Mass«, weil das Weißbier beim Mischen mit der Limonade kräftig aufschäumt und deshalb riesig aussieht. Während des Nationalsozialismus soll die Riesen-Mass dann als Russn-Mass verballhornt worden sein.

Der dritten Erklärung begegnet man am häufigsten. Nach dem Ersten Weltkrieg trafen sich im Münchner Mathäser-Keller die kommunistischen Anhänger der Räterepublik, die im Volksmund als Russen bezeichnet wurden. Damit sie durch das Bier nicht so schnell müde wurden (und länger debattieren konnten), mischten sie sich ihr Weißbier mit Zitronenlimonade.

\?/

Ob Sie Ihr Bier nun pur, als Russe oder Radler trinken, eines gehört immer dazu: das Anstoßen. Die Angewohnheit, den **Krug** danach **abzusetzen**, ist ein Ritual, das seinen Ursprung in der Ständegesellschaft hat und für das es die wildesten Erklärungen gibt.
Wenn früher eine höhergestellte Person mit jemandem aus einem niederen Stand anstieß, dann setzte Ersterer das Glas anschließend noch einmal ab, um gleich wieder die nötige Distanz aufzubauen. Mit ähnlichem Hintergedanken haben das später wohl auch die Bayern gemacht, wenn sie mit Preußen angestoßen haben. Die freundschaftliche Geste wurde durch das Absetzen quasi wieder rückgängig gemacht.
Diese beiden Erklärungen sind aber bei Weitem nicht die einzigen. Eine eher praktische Theorie begründet das Absetzen so: Weil beim Anstoßen das Bier überschwappt, setzt man den Krug ab, um den nassen Krugboden am Tisch abzuwischen.
Auch praktischer Natur, wenn auch mit ganz anderer Begründung: An großen Tischen kann nicht jeder mit jedem anstoßen – das Glas wird also sozusagen als Gruß an alle abgesetzt. Und dann gibt es da noch die Meinung, dass die Kohlensäure im Bier durch das Absetzen »neuen Schwung« bekommt.

Oder auch, dass dadurch beim Weißbier die Hefe besser verteilt wird. Vielleicht muss man nur ganz einfach deshalb absetzen, weil der Bierkrug zum Anstoßen am Henkel gehalten und nach dem Absetzen zum Trinken mit der ganzen Hand umschlossen wird. Die schönste Geschichte rankt sich um den bayerischen Märchenkönig Ludwig II.: Der hatte einen schwachen Arm und musste seinen Bierkrug immer wieder absetzen. Sein Hofstaat hat es ihm angeblich einfach nachgemacht, um ihn nicht zu blamieren.

Und noch eine letzte Theorie, diesmal zum Anstoßen an sich, sei erwähnt. Demnach wollte man mit dem Anstoßen vermeiden, Opfer eines Giftanschlags zu werden. Denn aus dem eigenen Krug schwappte dabei immer auch etwas Flüssigkeit in die anderen Krüge. Wer jetzt noch, ohne zu zögern, mittrank, musste ein reines Gewissen haben.

!?!

Aber genug getrunken. Nach so viel Bier ist es an der Zeit, etwas zu essen. Oder sich zumindest dem Essen in physikalischer Hinsicht zu widmen. Denn wir lösen das Rätsel, **warum sich der Knödel im Topf dreht**. Oder besser, warum sinkt er beim Kochen zuerst auf den Topfboden, steigt dann wieder auf und dreht sich kurze Zeit später auch noch?

Lässt man einen rohen Knödel in einen Topf mit kochendem Wasser gleiten, sinkt er im Wasser erst einmal ab, weil der Teig schwerer ist als Wasser. Das liegt am spezifischen Gewicht des Knödels. Dieses spezifische Gewicht ist ausschlaggebend dafür, wie sich der Knödel im Wasser verhält. Das Besondere beim Knödel ist, dass er während des Garens sein spezifisches Gewicht ändert. Während der rohe Knödel noch schwer zu Boden sinkt, saugt er sich dann langsam mit Wasser voll – wird also dem Wasser quasi immer ähnlicher. Er schwebt und steigt durch den Auftrieb der vom Herd aufgeheizten Flüssigkeit schließlich bis an die Oberfläche. Warum sich der Knödel kurze Zeit später an der Wasseroberfläche noch mal um 180 Grad dreht, ist damit auch klar: Der Teil des Knödels, der oberhalb der Wasseroberfläche schwimmt, ist kühler und dadurch nicht so weit ausgedehnt wie die Unterseite im heißen Wasser. Die untere Hälfte des Knödels enthält mehr Dampf und hat damit mehr Auftrieb. Der Schwerpunkt verlagert sich und der Knödel macht eine Drehung.

¡?!

Nach der Deutung dieses »schwierigen« Phänomens gilt es nun, viel Grundsätzlicheres zu klären. **Warum heißt der Leberkäse Leberkäse,** obwohl er weder

Leber noch Käse enthält? Dass im Leberkäse keine Leber ist, stimmt in den meisten Fällen gar nicht. In Stuttgart zum Beispiel ist ein Lebergehalt von mindestens fünf Prozent vorgeschrieben. Eine Ausnahme wird nur für den »Bayerischen Leberkäs« gemacht – der darf auch ohne Leber so heißen. Hier geht der Wortteil »Leber« vermutlich auf das mittelhochdeutsche »lab« zurück, was so viel bedeutet wie »gerinnen«.

Der Wortteil Käse bezieht sich wohl in ganz Deutschland einfach auf Aussehen und Form, die in der Tat an Käse erinnern.

!?!

Der Vorteil an einem Leberkäse ohne Leber: Ihm kann keine **Laus über die Leber laufen**. Uns passiert das leider häufiger. Die Vorstellung, dass die Laune gerade dann sinkt, wenn einem eine Laus ausgerechnet über die Leber läuft, hat eine uralte Tradition. Im Altertum gingen die Mediziner davon aus, dass alle Gefühle und Empfindungen von der Leber gesteuert würden. Zorn, Liebe, Trauer, Wut – alles kam aus der Leber. Wenn jemand schlechter Laune war, sagten die Menschen deshalb ursprünglich, ihm ist etwas aus der Leber gelaufen. Die Laus kam dann erst später dazu. Vielleicht einfach nur, weil die Alliteration schöner klingt, vielleicht auch, weil die

Laus so klein und winzig ist. Und viele Menschen ärgern sich ja ganz furchtbar wegen banaler Kleinigkeiten oder haben aus einem völlig lächerlichen Grund plötzlich schlechte Laune.

¡?!

Das sind dann die Mitmenschen der Kategorie **beleidigte Leberwurst.** Die soll übrigens einer Legende zufolge deshalb so übellaunig sein, weil sie der Metzger beim Sieden als Letzte aus dem Wurstkessel herausgezogen hatte.

¡?!

Das beste Rezept gegen beleidigte Leberwürste: Heitern Sie sie einfach so lange auf, bis sie wieder **frei von der Leber weg** reden können, sich also einfach wieder wohlfühlen.
Eine Deutung will ich Ihnen nicht vorenthalten – der Wahrheitsgehalt lässt sich allerdings schwer überprüfen: Roma und Sinti haben wohl früher Läuse auf eine Vogelleber gesetzt, um die Zukunft vorherzusagen. Entscheidend war dabei, wohin die Tiere krabbelten: Liefen die Läuse über die Leber, bedeutete das für die Zukunft nichts Gutes.

¡?!

Wer an Wahrsager glaubt, wird sich über eine schlechte Vorhersage nicht freuen. Andere dagegen interessiert das **nicht die Bohne**. Auch diese nette Umschreibung für »überhaupt nicht« kommt aus dem Mittelalter. Da waren Bohnen ein sehr wichtiges Nahrungsmittel. Weil aber mit einer einzelnen Bohne nicht viel anzufangen ist – die macht ja nicht mal einen Säugling satt –, ist klar, dass sich niemand deswegen groß anstrengt. Er interessiert sich also nicht die Bohne dafür.
Außerdem haben früher Kinder oft Bohnen als Spielgeld benutzt – und auch in diesem Fall war eine einzelne Bohne nicht viel wert.

!?!

Wer jetzt sagt »Lieber eine Bohne als keine«, hat natürlich auch wieder recht. Denn bei unserer nächsten Spezialität wird's richtig karg. Die Rede ist von der Brennsuppe. Was bitte ist eine Brennsuppe und warum gibt es Menschen, die **(nicht) auf der Brennsuppe dahergeschwommen** sind? Das Wort Brennsuppe kommt aus Österreich und steht für eine Wassersuppe – also eine sehr kärgliche Mahlzeit. Bei der Redewendung »(nicht) auf der Brennsuppe dahergeschwommen sein« geht's ganz einfach um den bildlichen Zusammenhang zwischen einer ganz einfachen, schlichten Mahlzeit und einer entsprechend einfachen, schlichten Person. Wer nicht auf der Brennsuppe dahergeschwommen ist, ist folglich clever und nicht leicht zu täuschen.

!?!

Weil von der Brennsuppe nun wirklich keiner satt werden kann, wenden wir uns jetzt einer Kalorienbombe zu. Wie wäre es mit einem **Krapfen**? Und während Sie genüsslich reinbeißen, erzähle ich Ihnen, wieso der Krapfen ausgerechnet Krapfen heißt. Und warum er gerade im Fasching so beliebt ist.
Verantwortlich dafür ist die Fastenzeit. Früher waren die Traditionen und Vorschriften noch sehr viel strenger als heutzutage, unter anderem mussten deshalb bis zum Aschermittwoch alle Eier und das Schmalz verbraucht werden. Über Fasching wurde also noch mal richtig groß aufgekocht. Traditionell wurden dann am Faschingssamstag die Krapfen gebacken (dass sie mit Fasten nichts zu tun haben, belegen die stolzen 200 Kalorien pro Stück). Für den Teig braucht man viele Eier, gebacken werden die Krapfen in heißem Fett – perfekt, um die Vorräte zu verbrauchen.
Und der Name? Sprachwissenschaftler sagen, er käme vom althochdeutschen Wort »kraffo« – für Kralle oder Haken. Aus Österreich stammt die schönere – und irgendwie nachvollziehbarere Geschich-

te: Im 17. Jahrhundert lebte die Wiener Zuckerbäckerin Cäcilia Krapf. Eines Tages warf sie aufgebracht ein Stück Hefeteig nach einem faulen Lehrling. Der Teig landete nicht auf dem Lehrling, sondern in einem Topf mit heißem Fett. Die Bäckerin holte den gebackenen Teig aus dem Fett, biss probeweise hinein – und war begeistert! Der Krapfen war geboren. Dass schon die Römer so ein ähnliches Gebäck hatten, muss man ja nicht unbedingt erwähnen ...

!?!

Das Futter für unsere lieben Haustiere darf in diesem Kapitel natürlich auf keinen Fall fehlen. Leider können wir die nun folgende Geschmacksrichtung aber nur erwähnen – weil es sie so gar nicht zu kaufen gibt. Warum nicht, ist eine berechtigte Frage. Also: Warum gibt es kein **Katzenfutter mit Mausgeschmack**?

Die Sorte »Maus« würde den Geschmack von Katzen durchaus treffen. Aber: Für Katzenfutter werden nicht eigens Tiere geschlachtet. Es wird nur Fleisch von Tieren verwendet, die für den menschlichen Verzehr getötet wurden. Außerdem stellt sich noch ein ganz anderes Problem: Um eine Dose vollzukriegen, sind jede Menge Mäuse nötig – an so einer Maus ist eben nicht viel dran. Und um gar den Bedarf für alle

Hauskatzen zu decken, müssten erst einmal Millionen von Mäusen gezüchtet werden. Dann also doch lieber Rind, Thunfisch und Kaninchen – das mögen die Stubentiger ja auch … *(vgl. Für die Katz, S. 48).*

\?/

Zum Abschluss noch eine Geschichte, die nur aus Teufels Küche kommen kann: Warum wird der **Hund in der Pfanne verrückt**?

Vermutlich geht dieses Geheimnis auf eine Till-Eulenspiegel-Geschichte zurück: Ein Braumeister gibt Till den Auftrag, Bier zu brauen und dafür zuerst den Hopfen zu sieden. Till nimmt das wörtlich – zu wörtlich in diesem Fall. Denn leider heißt der Hund des Braumeisters dummerweise Hopf. Und in einem Anfall von unglaublicher Dämlichkeit (so würde es zumindest der H und sehen) wirft Till Eulenspiegel den Hund des Braumeisters in die Braupfanne. Und dass Hopf bei dieser Aktion in der Pfanne verrückt wurde, kann man sich gut vorstellen. Immerhin hat Till Eulenspiegel seinen Job umgehend verloren.

Und seither gibt es für solch unglaubliche Geschichten das Sprichwort: Da wird der Hund in der Pfanne verrückt (*vgl. Vor die Hunde gehen, S. 58*).

# Jetzt schlägt's 13

»Keine Zeit!« – Das hören wir immer öfter, im Büro, unter Freunden. Egal, worum es geht – keiner hat mehr Zeit. Dabei macht es so viel Spaß, sich für andere Zeit zu nehmen. Oder für sich selbst. Denn dabei kommen wir auf unglaublich spannende Geschichten.

Wir gehen jetzt sogar so weit, über »Unzeiten« nachzudenken. Denn obwohl das gar nicht möglich ist, sagen wir es immer wieder: **Jetzt schlägt's 13**.

Und wieder einmal wissen wir, was dieser Spruch bedeutet – in etwa so viel wie »Das ist ja wohl die Höhe«. Aber warum benützen wir ihn? Die Uhr schlägt nun mal höchstens zwölf Mal.

Die Lösung ist so einfach wie unheimlich: 13 ist im Volksglauben eine Unglückszahl. So haben beispielsweise viele Hotels kein Zimmer Nummer 13 oder keinen 13. Stock. Und nicht nur abergläubische Menschen fürchten Freitag, den 13. Würde nun also eine Uhr 13 Mal schlagen, dann stimmte etwas nicht. Dann hat der Teufel seine Hand im Spiel. Und wer will das schon …

!?!

Bleiben wir also lieber bei Uhren, die normal ticken und normal schlagen. Stellen Sie sich mal die typische Kirchturmuhr vor. Mit schönen, großen römischen Zahlen. Ist Ihnen da schon mal etwas aufgefallen? Die Vier tanzt bei vielen Zifferblättern aus der Reihe. Warum steht auf vielen Kirchturmuhren eine **IIII** statt der üblichen römischen **IV**?

Zunächst sei erwähnt, dass die IIII auf keinen Fall falsch ist. 90 Prozent der Uhren mit römischem Zifferblatt haben tatsächlich die vier Striche anstelle des heute bekannten Zeichens IV. Früher zählte man, wie auch heute noch ab und zu, mit den Fingern. Und die vier Finger – also vier Striche – galten bis weit ins Mittelalter als Zeichen für die Zahl Vier.

Eine Erklärung liefert der Götterglauben der Römer. Liest man das IV als Schriftzeichen, steht das I für J und das V für U. Das ergibt JU, die Abkürzung für Jupiter, den obersten Gott der Römer. Aus Ehrfurcht vor ihm vermied man, sein Zeichen auf etwas so Profanes wie eine Uhr zu setzen.

Eine andere Erklärung »entstand« einige Jahrhunderte später. Als Gotteslästerung gegenüber Jupiter längst kein Thema mehr war, hat der französische

Sonnenkönig Ludwig XIV. einfach per Dekret festgelegt, dass IIII die richtige Schreibweise sei und nicht IV (zumindest wird Ludwig XIV am häufigsten genannt; in manchen Quellen variieren aber die Herrscher, die diesen Beschluss gefasst haben sollen).
Uhrenhersteller haben noch eine weitere – sehr einfache – Deutung für die IIII, bei der die Symmetrie des Zifferblatts eine Rolle spielt: Nur wenn die Vier mit vier einzelnen Strichen geschrieben wird, ist das Zifferblatt symmetrisch aufgebaut. Denn dann sind auf beiden Hälften, links und rechts, genau 14 Zeichen zu sehen. Es stimmt, ich habe nachgezählt.
Schon bemerkt? Bei vielen Uhren wird und wurde die Zahl Vier einfach ganz galant umgangen; egal ob als IV oder mit vier Strichen. Bei vielen Wanduhren ist dort das Loch für den Uhrwerkschlüssel, bei Armbanduhren findet man dort oft die Datumsanzeige.

!?!

Schlagwerk und Zifferblatt haben wir nun erforscht. Fehlen die Zeiger. Einer groß, einer klein, drehen sie sich den ganzen Tag im Kreis. Aber **warum drehen sich die Uhrzeiger** ausgerechnet **rechtsherum?** Das ist eine wichtige Frage, denn schließlich be-

stimmt dieses Phänomen unseren Alltag. Nicht auszudenken, wenn wir plötzlich bei allen Gesellschaftsspielen, die wir ja bekanntlich im Uhrzeigersinn spielen, die Richtung wechseln müssten.
Die Ursache liegt ungefähr 5000 Jahre zurück. Damals haben Menschen angefangen, die Zeit zu messen – mithilfe von Sonnenuhren, und zwar genau so, wie wir das heute noch kennen. Der Schatten des Sonnenuhrstabes wandert langsam über den Boden und dort zeigen Markierungen die Uhrzeit an. Wegen der Erddrehung wandert der Schatten rechtsherum. Aus Gewohnheit wurde diese Richtung bei der Erfindung der mechanischen Uhr dann einfach übernommen.
Übrigens: Wäre die Zeiger-Uhr in Australien erfunden worden, würden sich die Zeiger heute wohl linksherum drehen. Denn dort wandert der Sonnenuhrschatten genau in umgekehrter Richtung.

!?!

Das letzte Geheimnis entlocken wir der Uhr mit einer kleinen Zahlenreihe: 12, 24, 36, 48, 60. Sie wissen, worauf ich hinauswill? Genau: **12 Stunden** auf der Uhr, 24 am Tag und **60 Minuten** in einer Stunde.
Übernommen haben wir das von den Babyloniern. Dort war die Zahl zwölf heilig und deshalb Grund-

lage für die Zeiteinteilung. Sie teilten den Tag in zwei mal zwölf gleiche Einheiten.
Die Verehrung der zwölf ist mit einem Tag lange nicht beendet. Die Zwölf ist wichtig fürs ganze Jahr. Denn das besteht aus zwölf Mondphasen beziehungsweise zwölf Monaten.

!?!

So eindeutig mathematisch und strukturiert geht es bei uns natürlich nicht immer zu. Es gibt die Momente, wo wir einfach mal **fünfe gerade sein lassen**. Diesen volkstümlichen Ausspruch gibt es seit dem 16. Jahrhundert. Wer fünfe gerade sein lässt, der nimmt es einfach nicht so genau und zählt nicht ganz sauber nach (*vgl. neunmalklug, S. 22*). Ganz etwas anderes ist es, wenn jemand **nicht bis fünf zählen** kann. Hier wird auf die fünf Finger einer Hand angespielt. Sie waren sozusagen der erste Anhaltspunkt, den die Menschen beim Zählen hatten. Wer nicht bis fünf zählen kann, beherrscht also nicht einmal die einfachste Art zu rechnen.

!?!

Zählen, rechnen, Zeitmessung – bei den bisherigen Redewendungen in diesem Kapitel konnte man mit etwas Glück zumindest erahnen, woher sie kamen.

Warum aber sagen wir, wenn wir spät dran sind, **jetzt wird's aber höchste Eisenbahn**? Weil sich die Bahn an einen Fahrplan halten muss? Weil sie oft Verspätung hat? Nein. Der Ursprung dieses Spruchs ist so »abgefahren«, dass kein Mensch durch logisches Nachdenken darauf kommt. Er stammt aus einem Theaterstück mit dem Titel »Ein Heiratsantrag in der Niederwallstraße«. Kennen Sie nicht? Kein Wunder, denn es wurde 1847 in Berlin aufgeführt, geschrieben hat es der Berliner Dichter und Journalist Adolf Glassbrenner, der heute nicht mehr bekannt ist.

Eine der Figuren ist Briefträger Bornike. Der ist total durcheinander und aufgeregt. Beim Reden verhaspelt er sich ständig. Einmal vergisst er, die Post pünktlich vom Zug abzuholen, und sagt statt »Es ist allerhöchste Zeit, die Eisenbahn ist schon vor drei Stunden angekommen!« den folgenden Satz:

»Es ist die allerhöchste Eisenbahn, die Zeit ist schon vor drei Stunden anjekommen!«

Den Berlinern hat der Spruch mit der »höchsten Eisenbahn« so gut gefallen, dass sie ihn weiterhin verwendet haben – und von der Hauptstadt aus hat sich dieses geflügelte Wort in ganz Deutschland verbreitet und bis heute gehalten.

!?!

Bleiben wir bei der Bahn. Denn jetzt, da wir wissen, warum es höchste Eisenbahn ist, gilt es auch noch zu klären, warum wir ab und zu **immer nur Bahnhof verstehen**.

Zwei Deutungen haben sich zu dieser Frage etabliert. Die wahrscheinlichere ist, dass wir diesen Ausspruch den Soldaten aus dem Ersten Weltkrieg zu verdanken haben. Gegen Ende des Krieges war »Bahnhof« quasi ein magisches Wort, denn Bahnhof bedeutete »entlassen werden« und »nach Hause dürfen«. Kein Wunder, dass die meisten Soldaten angesichts der desolaten Lage des deutschen Heeres an nichts anderes mehr denken konnten und außer Bahnhof überhaupt nichts mehr verstanden haben.

Die zweite Deutung ist etwas allgemeiner: Der Bahnhof wird in diesem Fall als Ausgangspunkt für Urlaubsreisen angesehen. Und wenn der Urlaub erst mal vor der Tür steht, hören wir bei allem anderen natürlich gar nicht mehr hin. Schade, dass wir heutzutage nicht automatisch Urlaub haben, wenn wir nur noch Bahnhof verstehen.

!?!

Das Wort **Urlaub** kommt übrigens vom mittelhochdeutschen »urloup« und bezeichnete ursprünglich ganz allgemein eine Erlaubnis. In der höfischen

Sprache stand es zu dieser Zeit für die Erlaubnis, die ein Höherstehender oder eine Dame dem Ritter geben musste, damit der sich entfernen durfte. Später wurde Urlaub dann so gebraucht, wie wir es kennen – also als Erlaubnis, vom Dienst oder von der Arbeit fernzubleiben und sich zu erholen.

!?!

Eine Zeit, in der die meisten von uns frei haben, ist die Zeit **zwischen den Jahren**. Die ist ganz genau festgelegt, nämlich vom 25. Dezember bis zum 6. Januar. Was daran ist aber bitte schön zwischen den Jahren? Es geht doch ein Jahr nahtlos ins andere über, dazwischen gibt's nichts. Heute zumindest. Früher war das nicht so:
Bis ins Mittelalter galt der Kalender, den Julius Cäsar eingeführt hatte. Irgendwann stellten die Mathematiker aber fest, dass dieser Kalender nicht mehr stimmte. 1582 wurde deshalb der gregorianische Kalender eingeführt, nach dem wir uns im Großen und Ganzen noch heute richten. Über 100 Jahre später legte Papst Innozenz XII. Sylvester als letzten Tag des Jahres fest. Weil aber noch immer nicht alle den neuen Kalender übernommen hatten, wurde Neujahr an ganz unterschiedlichen Tagen gefeiert – aber immer zwischen dem 25. Dezember und dem 6. Januar. Und weil für manche das neue Jahr schon

begonnen, während andere Neujahr noch vor sich hatten, gab es – damals tatsächlich – die Zeit zwischen den Jahren.

!?!

Das Mittelalter ist eigentlich noch gar nicht so lange her, zumindest verglichen mit dem letzten Zeitsprung, den wir in diesem Kapitel machen wollen. Wir klären, welche **Zeitrechnung** die Menschen **vor Christi Geburt** verwendet haben.

In vielen alten Kulturen, zum Beispiel bei den Ägyptern oder den Sumerern, hat sich die Zeitrechnung an der Thronfolge der Herrscher orientiert. Da befanden sich die Menschen dann beispielsweise im zehnten Jahr der Herrschaft von Pharao Tutmoses. Die älteste griechische Zeitrechnung dagegen basiert auf den Olympischen Spielen, die erstmals 776 vor Christus abgehalten wurden – der Vierjahresabstand zwischen den Spielen ist dabei eine Olympiade. Im Römischen Reich begann die Zeitrechnung »ab urbe condita«, also mit der Gründung der Stadt Rom im Jahr 753 vor Christus.

Als das Christentum Staatsreligion im Römischen Reich wurde, rechnete man zunächst noch nicht ab Christi Geburt, sondern in sogenannten Märtyrer-Jahren. Die Zeitrechnung in Märtyrer-Jahren begann mit dem Amtsantritt von Diokletian, nach

heutiger Zeitrechnung 284 nach Christus, denn dieser hatte im Jahr 303 eine allgemeine Christenverfolgung befohlen, bei der viele Christen umgebracht wurden: die Märtyrer.
Die christliche Zeitrechnung ab Jesu Geburt wurde erst zirka 500 Jahre nach Christus eingeführt. Der römische Mönch Dionysius hatte aus der Bibel das vermeintliche Geburtsdatum Jesu ausgerechnet – und diese Zeitrechnung hat sich seither etabliert. (Heute wissen wir, dass Jesus wohl drei bis sieben Jahre eher zur Welt kam.)
Das Jahr null gibt es in unserer Zeitrechnung nicht. Nach dem Jahr 1 vor Christus kommt gleich das Jahr 1 nach Christus. Das liegt daran, dass wir sehr lange die römischen Ziffern verwendet haben, die ohne null auskommen. Erst seit ein paar Hundert Jahren rechnen wir mit dem Dezimalsystem, das auch eine Null hat. Die wurde von den Indern rund 600 Jahre nach Christus »erfunden«.

!?!

Natürlich existieren neben dem Christentum weitere Religionen, die ihre ganz eigene Zeitrechnung haben. Auch die Moslems orientieren sich an ihrem Religionsstifter. Die muslimische Zeitrechnung beginnt mit Mohammeds Flucht nach Mekka – am 16.7.622 nach Christus. Die Buddhisten dagegen

rechnen ab dem Todesjahr Buddhas. Meist wird dafür das Jahr 483 vor Christus angesetzt.
Im jüdischen Kalender schließlich wird ab dem 7.10.3761 vor Christus gerechnet. Das ist nach jüdischen Quellen der Zeitpunkt der Erschaffung der Welt.

# Echt tierisch

**Ich hab' schon Pferde kotzen sehen!** Kein schönes Bild, aber auch meist keine schöne Situation, wenn dieser Spruch wahr wird. Bei vielen Vorhaben sind wir uns hundertprozentig sicher, dass sie funktionieren, völlig sicher, dass es genau so kommt, wie wir uns das vorstellen. Und dann gibt es immer nette Mitmenschen, die unseren ganzen Enthusiasmus kaputt machen, indem sie unken: »Sei mal lieber vorsichtig, ich hab' schon Pferde kotzen sehen.« Aber was soll das heißen? Was ist so schlimm an kotzenden Pferden?

Wir tauchen ein in eine tierische Welt voller Pferde, Katzen, Schweine, Affen und Böcke – um nur einige zu nennen. Wir bemerken gar nicht, wie oft wir täglich in tierischen Bildern sprechen.

Aber wie war das nun genau mit den Pferden? Bei Pferden ist der Übergang von der Speiseröhre in den Magen, die sogenannte »Cardia«, so eng und muskulös, dass der »Rückwärtsgang« quasi nicht möglich ist. Rein anatomisch kann ein Pferd sich also gar nicht übergeben. Weil es aber nun mal nichts gibt, was es nicht gibt, planen ganz sorgfältige Zeitgenossen selbst diese Möglichkeit ein.

!?!

Wer nicht jeden erdenklichen Fall absichern will, muss etwas forscher zur Sache gehen und hoffen, dass zu viel Vorsicht eh nur **für die Katz'** ist.
Eine sehr kurzweilige Erklärung für diese Redewendung bietet eine Geschichte von Burkhard Waldis, einem deutschen Fabeldichter, der im 16. Jahrhundert gelebt hat. Die Geschichte heißt »Vom Schmied und seiner Katze«.
Dieser Schmied hatte in seiner Werkstatt eine dicke Katze. Und, bei diesem Schmied durften die Kunden entscheiden, wie viel sie für seine Arbeit als Lohn zahlen wollten. Jedes Mal, wenn ein Kunde nur Danke sagte und gar nichts bezahlte, sagte der Schmied: »Katz', das geb' ich dir!« Weil aber viele Kunden nur mit einem Danke zahlten, verhungerte die Katze. Daraufhin beschloss der Schmied, künftig selbst zu bestimmen, wie hoch sein Lohn ist – damit er und seine Katze künftig immer genügend zu essen hätten.
Neben dieser fast schon poetischen Erklärung gibt es noch eine ganz alltägliche: Katzen bekamen frü-

her nicht speziell zubereitetes Dosenfutter oder gar moderne Katzensnacks. Ihnen blieben meistens nur die Essensreste oder die Stücke vom Fleisch, die die Hausfrau sonst weggeworfen hätte. Was also zum Kochen nutzlos war, war für die Katz'. Der Sinn bleibt sich gleich, aber die Katze kommt mit dieser Erklärung zumindest besser weg als beim Schmied (*vgl. Katzenfutter mit Mausgeschmack, S. 34*).

\?!

Wer Katzen kennt, kann sich vorstellen, dass sie eines bestimmt nicht mögen: in einen Sack gesteckt zu werden. Da müssen sie aber leider rein, denn wie könnten wir sonst **die Katze aus dem Sack lassen**? Um das zu verstehen, müssen wir zunächst einen Umweg über ein anderes Sprichwort machen. Und zwar: **Die Katze im Sack kaufen**. Diese Wendung kommt aus früheren Zeiten: Da haben fiese Händler auf Märkten statt eines teuren Ferkels oder eines fetten Hasen einfach eine »wertlose« Katze in den Sack gesteckt, um die Käufer übers Ohr zu hauen, wenn diese nicht aufpassten. Und das ist eben genau die Katze, die wir aus dem Sack lassen: War sie erst mal draußen, kam die Wahrheit ans Licht und der betrogene Kunde wusste genau Bescheid.

\?!

Bemerkte er den Betrug zu spät, hat er in seinem Frust womöglich erst mal die nächste Kneipe aufgesucht, um sich einen ordentlichen Rausch anzutrinken und zu vergessen, dass er da gerade ordentlich verladen wurde. So hatte er am nächsten Morgen dann nicht nur die Katze im Sack, sondern er konnte auch **einen** heftigen **Kater haben.** Allerdings hat dieser Kater mit einem Tier gar nichts zu tun.
Der Kater hat seinen Ursprung wohl im griechischen Wort »Katarrh«, einer Entzündung der Schleimhäute. Häufig ist mit einem Katarrh auch einfach eine Erkältung gemeint. Vermutlich waren es sächsische Studenten, über die der Begriff im 19. Jahrhundert Einzug in die Umgangssprache hielt. Zunächst noch als Bezeichnung für allgemeines Unwohlsein, später dann für alkoholbedingte Problemchen am nächsten Morgen. Dazu beigetragen hat außerdem eine damals bereits vorhandene Redensart. Die hieß zunächst »verliebt sein wie ein Kater«, wandelte sich mit der Zeit aber in »besoffen wie ein Kater« (*vgl. Blausein, S. 96*).

!?!

Nach durchzechter Nacht kann sich somit der glücklich schätzen, der am nächsten Morgen keinen Kater hat. Er hat Schwein gehabt. Aber **warum haben wir Schwein, wenn wir Glück haben**?

Wahrscheinlich ist eine mittelalterliche Sitte dafür verantwortlich, dass wir Schwein haben. Bei Wettkämpfen bekam der Schlechteste oft ein Schwein als Trostpreis geschenkt. Und das ist besser als gar nichts – oder, wenn man es sich genau überlegt, richtiges Glück.
Dazu kommt, dass das Schwein selbst als ein Symbol für Glück gilt. Fleisch war früher sehr teuer, das Schwein also ein Zeichen für Wohlstand. Wer ein Schwein hatte, hatte auch in schlechten Zeiten Glück – sei es, weil er das Schwein essen oder aber verkaufen konnte.

!?!

Einen Teil des Geldes, das er für das Schwein bekam, sparte er möglicherweise und steckte es in ein **Sparschwein**. Warum die Spardose so heißt, können wir uns jetzt leicht vorstellen. Denn auch alle, die sparen, kommen zu Glück und Wohlstand – könnte man meinen.
Zum Glück gibt's aber noch eine zweite Überlieferung, die erklärt, warum das Sparschwein kein Sparhund oder Spartiger geworden ist …
Schon die Hausfrauen im mittelalterlichen England sparten den einen oder anderen Penny. Das Geld, das sie beiseite schaffen konnten, kam in ein Gefäß, das aus einer billigen Tonmischung hergestellt war.

Diese Tonmischung hieß »pygg«, das Gefäß für die Ersparnisse nannte sich »pygg bank«. Gesprochen klingt das, wie das englische Wort »pig«, also Schwein. Lange Zeit gerieten diese Spartöpfe in Vergessenheit. Im 19. Jahrhundert bekam eine englische Töpferei den Auftrag, wieder »pygg banks« herzustellen. Sie nahm das wörtlich und stellte kleine Schweine aus Ton mit einem Schlitz im Rücken her. Aus der »pygg bank« wurde die »piggy bank« – also das Sparschwein.

!?!

Die Lösung für unsere nächste Frage des Alltags ist nicht so einfach zu klären wie die Frage nach dem Sparschwein. Sie könnte mehrere Ursachen haben. Darum ist es nicht möglich, die Lösung in einem **Affenzahn** zu präsentieren. Da muss ich schon kurz ausholen:

Vermutlich wurden in diesem Fall irgendwann einmal zwei Redewendungen zu einer verschmolzen. Da war zum einen das affenartige Tempo. Ein Bild, das wir deshalb gebrauchen, weil Affen in der Tat sehr schnell von Baum zu Baum hüpfen und springen. Gibbonaffen zum Beispiel sind dabei mit mehr als 50 Stundenkilometern unterwegs.

Zum Zweiten gibt es die Redensart: **einen Zahn zulegen**. Mit dem Zahn ist kein Teil des Affengebis-

ses gemeint. Einen Zahn zulegen bezieht sich auf die Feuerstelle im Haus. Darüber hing früher der Topf an einer Art Sägekamm. Wurde der Topf einen Zahn tiefer gehängt, war er näher am Feuer und das Essen wurde schneller fertig.
Aus diesen beiden Beschreibungen – von denen jede für sich schon für »schnell« steht – wurde der Affenzahn. Ein Zeichen dafür, dass etwas wirklich sehr, sehr schnell passiert.
Wenn ein Auto in einem Affenzahn angefahren kommt, könnte dahinter aber noch eine andere Erklärung für diesen Begriff stecken. Es könnte nämlich auch sein, dass der Zahn im Affenzahn auf das Handgas bei alten Autos zurückgeht. Die hatten einen Hebel, mit dem die Geschwindigkeit eingestellt wurde. Dieser Hebel musste in einem Zahnkranz einrasten, damit das gewünschte Tempo gehalten werden konnte. Gut möglich, dass mit dem Affenzahn die Einstellung gemeint war, bei der das Auto nach Ansicht des Beobachters viel zu schnell fuhr.

!?!

Nach dieser rasanten Nummer ist es wieder Zeit für eine Geschichte. Mit einem äußerst spannenden Ende. Denn sie zeigt, warum ein **Bienenstich** nicht unbedingt wehtun muss, sondern sogar hervorragend schmecken kann.

Wir schreiben das Jahr 1474. Damals planten die Einwohner von Linz am Rhein einen Angriff auf ihre Nachbarn aus Andernach. Warum? Nun, der Kaiser hatte den Linzern ihre wichtigste Einnahmequelle, den Rheinzoll, entzogen und den Andernachern zugesprochen. Im Morgengrauen rückten die Linzer also aus zum Angriff.
Aber: Zwei Bäckerlehrlinge aus Andernach waren schon wach und wollten gerade Honig aus den Bienenkörben auf der Stadtmauer naschen. Als sie die Angreifer sahen, warfen sie die Nester nach ihnen. Und jeder kann sich vorstellen, was passiert, wenn man eine Biene in der Ritterrüstung hat. Die Linzer flüchteten! Und zur Feier des Tages backten die Andernacher einen besonders leckeren Kuchen. Sie nannten ihn – Bienenstich. Die Stadt Andernach hat seitdem übrigens den Beinamen »Stadt der Bäckerjungen«.

!?!

Und hätten Sie diese Geschichte heute Morgen in Ihrer Tageszeitung gelesen, Sie hätten geglaubt, es sei eine **Zeitungsente**, oder?
Die Zeitungsente bereitet ein wenig Kopfzerbrechen. Denn keiner weiß so genau, wo sie herkommt. Deshalb können Sie sich aus den folgenden Erklärungen diejenige aussuchen, die Ihnen am besten gefällt.

Den Anfang macht die Version, die am häufigsten auftaucht.
Das Lateinische »non testatum« bedeutet so viel wie: nicht geprüft. Die Abkürzung für »non testatum« lautet ganz einfach n.t. (Das spricht sich wie En-Te.) In einigen Zeitungen stand diese Abkürzung hinter den Meldungen, deren Wahrheitsgehalt nicht überprüft worden war.
Immerhin zwei Theorien sehen Aussagen Martin Luthers als Ursprung des Wortes Zeitungsente. Unter dem Stichwort »Zeitungsente« zitieren die Gebrüder Grimm Luther, der einmal von »blaw enten« gesprochen habe. Diese »blauen Enten« stehen dabei als Sinnbild für die Irrlehre. Nach dieser Theorie würde die Irrlehre dann wohl auf falsche Zeitungsartikel übertragen.
Der deutsche Philologe Georg Büchmann dagegen hat das Wort in seinen »Geflügelten Worten« so abgeleitet: Luther verwendet in einer Predigt das Wort »Lugenda« für eine Legende über Franz von Assisi, die seiner Meinung nach äußerst unglaubwürdig ist. Dieses Wort wurde im Laufe der Zeit zur »Lüg-Ente«.
Und dann ist da noch die Deutung, wonach wir unsere Zeitungsente den Franzosen verdanken. Demnach kam sie im 19. Jahrhundert aus dem französischen »donner des canards« (Enten geben) in den deutschen Sprachgebrauch. Der Begriff steht in

Frankreich für lügen oder schwindeln und bezieht sich wohl darauf, dass die Ente als sehr unzuverlässige Brüterin verschrien ist. Noch heute verweist der Titel der Satire-Zeitung »Le Canard enchaîné« (Die gefesselte Ente) auf diesen Zusammenhang.

\?!

Eine Menge Deutungsversuche, **mein lieber Schwan!** Und der weiß wenigstens, wo er herkommt. 1850 erblickte der »liebe Schwan« in Weimar das Licht der Bühnenwelt. Denn genau in diesem Jahr wurde Richard Wagners Oper »Lohengrin« uraufgeführt. Wir sind im ersten Aufzug in der dritten Szene: Titelheld Lohengrin erscheint in einer glänzenden Silberrüstung. Er steht in einem Kahn, der von einem Schwan über den Fluss gezogen wird. Am anderen Ufer angekommen, bedankt sich Lohengrin und singt: »Nun sei bedankt, mein lieber Schwan!«

Ein bildhübscher Kerl, ein Kahn, der von einem Schwan gezogen wird, da sind natürlich alle Zuschauer schwer beeindruckt und können gar nicht glauben, was sie da sehen. Und so ging der Ausdruck »Mein lieber Schwan« in die Alltagssprache über (*vgl. Schwalbe, S. 124*).

\?!

Wenn wir ab und an sagen: »**Mir schwant Böses**«, hat das mit dem Tier übrigens rein gar nichts zu tun. Dieser Ausdruck kommt vom alten Verb »wanen«, was so viel bedeutet wie wähnen oder ahnen.

!?!

Mir schwant oft, dass mich mein Volleyball-Trainer **zur Schnecke machen** wird, weil ich mich wie ebendiese bewege. Woher die Redewendung kommt, ist schnell erzählt. Sie brauchen nur ein bisschen Vorstellungskraft. Wer da zusammengestaucht wird, wird so klein gemacht, dass er sich schließlich irgendwann verkriecht wie eine Schnecke in ihr Schneckenhaus.

!?!

Alternativ hilft es natürlich, jemandem, der nicht spurt, **die Hammelbeine lang** zu **ziehen**. So ganz ist die Herkunft nicht geklärt, eine Geschichte klingt aber sehr plausibel: Wenn der Schäfer seine Schafherde eintreibt, dann sollen die Schafe alle in die gleiche und natürlich in die richtige Richtung gehen. Ein paar gibt's aber immer, die dann doch etwas orientierungslos durch die Herde steuern. Und genau die hat der Schäfer mit seinem hakenförmig gebogenen Stock an den Beinen aus der Herde gezogen. Weil sie also nicht gespurt haben, hat er diesen Schafen die Hammelbeine lang gezogen.

!?!

Bei einer Schafherde darf eines nicht fehlen: der Hund. Wie der Schäfer auf den Hund gekommen ist, lässt sich leicht beantworten – es gibt kein besseres Hütetier, um seine Schäflein ins Trockne zu bringen. Aber warum kann jemand **auf den Hund kommen**, wenn es ihm finanziell ziemlich schlecht geht? Auch hier gibt es verschiedene Deutungen, die zwei wichtigsten sind folgende:
Große Geldkassetten und Truhen hatten früher oft auf den Truhenboden einen bissigen Hund gemalt. Der war sozusagen der Schatzwächter, um Diebe abzuschrecken, oder als Mahnung, sparsam zu sein. Wenn nun alles Geld verbraucht, also die Truhe leer war, sah man die Zeichnung auf dem Boden und war im wahrsten Sinne des Wortes auf den Hund gekommen.
Eine andere Deutung für »auf den Hund kommen« besagt, dass verarmte Bauern, die sich ein Pferde- oder Eselfuhrwerk nicht leisten konnten, deswegen Hunde einspannen mussten.
Dass die bei diesem Knochenjob **vor die Hunde gehen**, kann man sich vorstellen. Die Redewendung hat allerdings nichts mit den Hunden zu tun, die

einen Pflug oder Wagen ziehen mussten. Trotzdem geht es darum, dass etwas gezogen wurde. Und zwar von Menschen. Die Förderwagen im Bergbau hießen Hund beziehungsweise Hunt. Die zu ziehen war kein leichter Job, sondern eine Strafe. Wer also vor die Hunde geht, der ist richtig schlecht dran (*vgl. Hund in der Pfanne, S. 35*).

!?!

Auch in Sachen Bildung kommen wir nicht ohne Tiere aus. Wer ein guter Schüler sein will, muss zum Beispiel gerne und viel lesen! Kurzum – es ist vorteilhaft, eine **Leseratte** zu sein. Und die hat wirklich etwas mit ihrem Namensgeber zu tun. Denn so gierig, wie sich Ratten auf alles Fressbare stürzen, so stürzen sich Leseratten einfach auf jedes Buch.
In den 1920er-Jahren war die Leseratte übrigens eher ein Schimpfwort. Studenten nannten so die Dozenten, die nur stur vom Manuskript ablasen, statt frei zu dozieren.

!?!

Wenn wir schon bei der Leseratte sind, darf der **Bücherwurm** nicht fehlen. Diese Bezeichnung kommt von den Lesern, die sich das Buch so nahe vors Gesicht halten, dass es aussieht, als würden sie

es auffressen wollen – wie ein Wurm, der sich in die Erde frisst.
Erstmals verwendet wurde der Bücherwurm im 18. Jahrhundert in einem Lustspiel mit dem Titel »Der junge Gelehrte«. Geschrieben von keinem Geringeren als Gotthold Ephraim Lessing.

\?/

Allein mit Lesen ist es aber nicht getan. Damit der Stoff auch wirklich im Gedächtnis bleibt, kommt wohl keiner umhin, ab und zu ordentlich zu **büffeln**. Schon im 16. Jahrhundert kam dieser Begriff auf; mit den Büffeln der Prärie hatte er zunächst rein gar nichts zu tun. Büffeln kommt wahrscheinlich vom mittelhochdeutschen »buffen«, was ursprünglich so viel bedeutete wie schlagen.
Genauso verhält es sich mit **pauken**. Der Pauker war jemand, der den Schülern im Unterricht den Hintern versohlt – also auf den Hintern paukt. Die Bedeutung »Lernen« kam beim Pauken wie auch beim Büffeln erst später. Studenten prägten das Wort – vielleicht, weil hartes Lernen einem ebenso viel abverlangte, wie Prügel einzustecken.
Immerhin wurde dem Büffel zumindest im Nachhinein das Büffeln zugeordnet, im Sinne von »wie ein Büffel arbeiten«. Genauso entstand auch **ochsen**, für jemanden, der wie ein Ochse arbeitet.

\?/

Grundregel Nummer eins für jeden, der Erfolg haben will, ist und bleibt aber: Nie **ins Bockshorn jagen** lassen! Für diese Weisheit, die es seit dem 15. Jahrhundert gibt, steht der Bock möglicherweise tatsächlich Pate. Denn wenn man das Bockshorn mal wörtlich nimmt, ist es keine angenehme Vorstellung, da reingejagt zu werden.
Aber leider bleibt es auch hier nicht bei einer Erklärung. Botaniker sind der Meinung, dass es nicht um das Horn des tierischen Bocks geht, sondern um den Bockshornklee. Der hat Früchte, die ziemlich übel riechen. Wer also ins Bockshorn gejagt wird, landet in einem stinkenden Kleefeld.

\?/

Da kann ich mir Verlockenderes vorstellen. Zum Beispiel ein **Bockbier** oder eine **Bockwurst**. Das Bockbier wurde schon im Mittelalter gebraut – in der Stadt Einbeck in Niedersachsen. Als es nach Bayern kam, machten die Bayern aus Einbeck erst »Aimbock« oder »Oambock« und schließlich nur noch Bock. Das Bockbier war geboren und die Bockwurst heißt einfach nur deshalb so, weil sie zum Bockbier gegessen wird.

\?!

Wer lieber Wein als Bier trinkt, wird sich wahrscheinlich eher für den **Bocksbeutel** interessieren. Und in diesem Fall dürfen wir ruhig wieder an unseren Ziegenbock denken. Denn der Bocksbeutel (stellen Sie sich die Form der Flasche kurz vor) ist eben nichts anderes als der Beutel vom Bock – also der Hodensack. Das ist tatsächlich die amtliche Erklärung.
Der Vollständigkeit halber und weil sie so schön ist, sei eine zweite Deutung erwähnt. Sie besagt, dass Nonnen sich Flaschen besorgten, die genau in ihre Gebetbuchtaschen passten, die früher »booksbeutel« hießen. So konnten sie sich während des Gebets ein kleines Schlückchen gönnen …

\?!

Zum Schluss des Kapitels noch eine kleine Geschichte, die zeigt, warum ein **Bärendienst** kein guter Dienst ist – auch wenn er noch so lieb gemeint ist.
Jean de La Fontaine lebte von 1621 bis 1695 und hat in seinem Leben unheimlich viele Fabeln geschrieben (*vgl. Milchmädchenrechnung, S. 102*). Eine davon heißt »Der Bär und der Gartenliebhaber«. Darin will der diensteifrige Bär seinem schlafenden Herrn, dem Gärtner, eine Fliege von der

Nasenspitze vertreiben. Mit seinen großen, tapsigen Tatzen schafft er das aber einfach nicht. Darüber ist er so wütend, dass er versucht, die lästige Fliege mit einem Stein zu erschlagen. Das gelingt auch – die Fliege ist tot! Der Gärtner leider auch. Also: Lieber mal den Dienst verweigern als einen Bärendienst erweisen.

# In der Schule verpasst

So ein paar Fragen des Alltags stellen wir uns immer wieder – allerdings mit dem unguten Gefühl im Bauch, dass wir die Antwort eigentlich kennen sollten. Irgendwo haben wir bestimmt schon mal die Grundlagen gelernt, die uns der Lösung näher bringen. In Physik, Chemie oder in Geschichte … Darum finden Sie hier noch mal einiges, was Sie womöglich in der Schule verpasst haben. Oder vielleicht war der Lehrer auch einfach nicht clever genug, diese Beispiele aus dem Alltag heranzuziehen. Dann hätten wir die Sache nämlich bei Weitem besser verstanden. Aber a propos Lehrer: Liebe Physiklehrer, liebe Geschichtslehrer, liebe Professoren und Experten. Die Antworten auf die folgenden Fragen sind teilweise stark vereinfacht, damit sich jeder vorstellen kann, warum manche Phänomene so sind, wie sie sind. Bitte sehen Sie mir das nach.

!?!

Und jetzt legen wir los: **Warum hinterlassen** manche **Flugzeuge einen weißen Streifen** am Himmel und andere nicht?
Die weißen Streifen sind Kondensstreifen. Sie entstehen, wenn Flugbenzin verbrennt und sich dabei Wasserdampf verflüssigt. Die Wassertröpfchen lagern sich an den Mini-Abgas-Partikeln des Flugzeugs an, in der kalten Luft gefrieren sie dann schlagartig zu Kristallen. Die weißen Kondensstreifen sind also physikalisch gesehen künstliche Eiswolken.
Bleibt noch die eigentliche Frage, warum nicht bei jedem Flugzeug Kondensstreifen entstehen. Das hängt davon ab, in welcher Höhe der Flieger unterwegs ist. Bei tief fliegenden Flugzeugen ist die Luft zu warm und der Wasserdampf kann gar nicht gefrieren. Das geht erst bei einer Flughöhe von rund zehn Kilometern und einer Temperatur ab minus 40 Grad.
Übrigens: Anhand der Kondensstreifen können Sie das Wetter vorhersagen. Sind die Streifen eher zerrissen, herrscht weit oben ein starker Wind und ein Tief droht. Sind die Kondensstreifen hingegen lange und vollständig, herrscht oder naht ein Hochdruckgebiet.

!?!

Ganz so kalt wie in zehn Kilometern Höhe muss es ja nun wirklich nicht sein. An manchem Sommertag wünschen wir uns trotzdem eine Abkühlung, um die gewaltige Hitze zu ertragen. Eine von vielen Lösungen: der Ventilator. Aber **warum fühlt sich die Luft des Ventilators kühl an**, obwohl gar keine Kälte zugeführt wird? Es wird doch nur die heiße Luft verteilt. Und die Luft, die der Ventilator umwälzt, wird genau genommen sogar noch etwas wärmer – das kann aber vernachlässigt werden. Der Trick mit der Kühlung liegt bei demjenigen, der vor dem Ventilator sitzt.
Unser Körper schwitzt, um Überhitzung zu vermeiden. Verdunstet der Schweiß auf unserer Haut, entsteht sogenannte Verdunstungskälte. Der Luftstrom des Ventilators beschleunigt diese Verdunstung von Feuchtigkeit auf der Haut und dem Körper wird Wärme entzogen – die Luft wirkt also kühl.
Neben dieser Antwort ist noch ein kleiner gesundheitlicher Hinweis angebracht: Stellen Sie den Ventilator richtig ein, damit Sie sich keinen Zug holen. Außerdem nicht völlig verschwitzt vor den Ventilator setzen, denn sonst bekommen Sie mitten im Sommer schneller eine Erkältung, als Sie denken.

\?!/

Wahrscheinlich hatten Sie die ganze Zeit einen kleinen Zimmerventilator – wenn es hochkommt, einen Deckenventilator – vor Augen. Aber natürlich geht's immer noch größer. Sie kennen die Windräder für die Windkraftanlagen, die inzwischen in ganz Deutschland zu finden sind. Die nehmen wir normalerweise einfach so wahr und hin. Allerdings dachte ich auch: »Stimmt, warum eigentlich«, als mir diese Frage auf den Schreibtisch flatterte: **Warum haben Windräder immer drei Flügelblätter**, egal, wie groß sie sind?
In der Tat: Egal ob Segelschiff, Windmühle oder die kleinen Windrädchen mit den Schalen an Wetterstationen: Sie alle funktionieren durch Luftwiderstand. Und das heißt eben auch, je größer die Fläche, desto schneller geht das Windrad, desto mehr Energie wird gewonnen. Und darum haben die alten Segelwindmühlen auch vier oder mehr Flügel.
Aber jetzt kommt der Clou: Die Windräder unserer Windkraftanlagen arbeiten gar nicht so, wie wir uns das auf den ersten Blick vorstellen. Sie arbeiten nicht mit dem Luftwiderstand, sondern mit Auftrieb, so wie die Tragflächen eines Flugzeugs. Und dafür sind drei Flügel am effizientesten: Zwei flattern und belasten die Achse und das Lager zu stark, vier Flügel stehen sich quasi selbst im Weg, weil dann die Luftverwirbelungen zu stark sind.
Wenn der Wind sehr stark bläst, können die Flügel-

blätter leicht gedreht werden – ähnlich wie bei der Flugzeug-Tragfläche. Sie stehen dann nicht mit der breiten Seite zum Wind, sondern nur noch mit der schmalen Kante. Dann sind sie geschützt und können vom Sturm nicht abgerissen werden.

!?!

Vom Windrad zum Autorad. Da gibt's keine Flügel, das Ding rollt einfach – und trotzdem läuft auch hier etwas nicht ganz rund oder zumindest nicht in die richtige Richtung: Die **Autoräder drehen sich**, wenn man sie anschaut, **rückwärts**, obwohl das Auto vorwärtsfährt. Das sieht ganz oft im Film so aus, kommt aber auch schon mal auf der Straße vor. Schuld an dieser verzerrten Wahrnehmung ist unser sogenanntes »optisches System«. Auge, Gehirn und Verstand arbeiten zu langsam zusammen, um die schnelle Drehung des Autorads richtig zu verarbeiten.
Aber Schritt für Schritt: Das Auge »schießt« Bilder, ähnlich wie ein Fotoapparat, und liefert diese ans Gehirn zur Weiterverarbeitung. Zwischen den einzelnen Bildern vergeht jedoch ein wenig Zeit. Wenn sich in dieser Zeit der Autoreifen beispielsweise nicht nur um eine Vierteldrehung, sondern um drei Viertel weiterdreht, zeigt das nächste Bild, das unser Auge ans Gehirn schickt, den Autoreifen eine Vier-

telumdrehung vor dem ersten Bild (auf Bild eins befindet sich das Reifenventil beispielsweise auf 12 Uhr. Bild zwei zeigt es auf 9 Uhr, weil das Rad eine Dreivierteldrehung nach vorne gemacht hat. Im Gehirn erscheint 9 Uhr aber als Rückwärtsdrehung). Die scheinbare Rückwärtsbewegung setzt sich so von Bild zu Bild fort. Bei einem anderen Menschen könnte derselbe Autoreifen auch scheinbar still stehen, weil sein optisches System noch etwas langsamer arbeitet. Zwischen den einzelnen Bildern hat das Rad bei diesem Menschen Zeit, sich einmal komplett zu drehen. Bei wiederum einem anderen Beobachter dreht sich das Rad dagegen so, wie es das in Wirklichkeit tut: nach vorn.
Auf diesem Phänomen beruht auch die Filmtechnik. Das bewegte Filmbild besteht aus 25 Einzelbildern pro Sekunde. Da die Kombination Augen-Gehirn zu langsam arbeitet, um diese Bilder einzeln wahrzunehmen, erscheint alles wie eine einheitliche, fortlaufende Bewegung.

!?!

Nachdem wir jetzt ganz sicher sein können, dass Autoreifen wirklich vorwärtsrollen – auch wenn's manchmal anders aussieht –, können wir uns einem globaleren Problem widmen. Dem Straßenverkehr an sich. Da gibt es die einen, die fahren auf der rechten Seite, und die anderen, die fahren links. Und zum Glück gibt's auch eine Erklärung, woher der **Links- und Rechtsverkehr** kommt.

In der Römerzeit galt »Linksverkehr«: Rechtshänder bestiegen ein Pferd normalerweise von links. (Dies hat man übrigens bis heute so beibehalten.) Es gab an den alten Römerstraßen sogar kleine Treppchen auf der linken Seite, die dazu da waren, das Aufsteigen zu erleichtern, denn Steigbügel kannte man damals noch nicht.

Dass wir heute auf der rechten Seite fahren, liegt an Napoleon. Frankreich hatte während der Revolutionszeit den Rechtsverkehr eingeführt. Napoleon übernahm dies und brachte im Zuge seiner Eroberungen den Rechtsverkehr auch in andere Länder Europas.

!?!

Die Frage, ob links oder rechts, stellt sich aber bei Weitem nicht nur im Verkehr. Links oder rechts kann für uns eine weitreichende Bedeutung haben, nämlich dann, wenn es um die politische Einstellung geht. Die Unterscheidung zwischen **links und rechts in der Politik** geht auf die französische Nationalversammlung von 1789 zurück. Da war erstmals die Sitzordnung nicht mehr nach den Hierarchien der verschiedenen Gesellschaftsschichten festgelegt. Es gab nur noch zwei gegnerische Lager. Rechts saßen die Adligen, die der Monarchie freundlich gesinnt waren, links die radikalen Revolutionäre. Aus diesem räumlichen Rechts und Links wurden dann die politisch Linken und Rechten. Und weil die Französische Revolution eine immense Ausstrahlungskraft auf weite Teile Europas hatte, wurden die Begriffe rechts und links und auch die Sitzordnung im Parlament von vielen Staaten übernommen. In Deutschland ist das seit 1848 so – und hat sich bis heute nicht verändert.

!?!

Von den Grundfesten der Politik, also einer der tragenden Säulen unserer Gesellschaft, machen wir einen riesigen Sprung zu den kleinen Beobachtungen des Alltags – und stellen die Welt einfach mal auf den Kopf! Aber **warum sieht man sich im Inneren eines Löffels auf dem Kopf**? Das hat mit Physik und Optik zu tun, mit Lichtstrahlen und Wahrnehmung.
Ein normaler Spiegel wirft die Strahlen, die von uns ausgehen, linear zurück – eins zu eins in unsere Richtung. Deshalb sehen wir unser ganz normales Spiegelbild. Auf der Rückseite eines Löffels ist die Oberfläche nach außen gewölbt und die Strahlen werden, zerstreut in verschiedene Richtungen, zu-

rückgeworfen. Wir sehen uns deshalb verzerrt und kleiner, aber immer noch richtig rum.
Wenn wir uns aber in der Innenseite des Löffels spiegeln, kann es sein, dass wir uns auf dem Kopf stehend sehen. Das hängt von der Entfernung zum Löffel ab. Stellen Sie sich vor, dass der gewölbte Löffel Teil einer Kugel ist. Der Mittelpunkt dieser Kugel ist der sogenannte Brennpunkt. Fällt nun Licht auf die Löffelinnenseite werden die Strahlen nach dem Reflexionsgesetz (Einfallswinkel gleich Ausfallswinkel, wie beim Billard) zurückgeworfen. Sie kreuzen sich im Brennpunkt. Durch die Wölbung des Löffels werden links und rechts sowie oben und unten vertauscht. Das Bild steht also seitenverkehrt auf dem Kopf.

!?!

Dass Sie im Löffel Kopf stehen, ist Ihnen vielleicht schon öfter aufgefallen. Die folgende Frage des Alltags fällt dagegen nur ganz genauen Beobachtern auf. Ich spreche vom »**Zahlenwirrwarr**« **bei Telefon und Computer**. Haben Sie sich schon mal Gedanken über die Ziffern rechts auf Ihrer Computertastatur gemacht? Schauen Sie ruhig einmal genau hin. Und dann werfen Sie einen Blick auf Ihr Telefon oder Ihr Handy. Beim Telefon geht's oben links mit der Eins los, dann geht es nach unten bis zur

Null in der Mitte. Beim Computer ist die Null auch unten, allerdings steht die Eins dann gleich in der Zeile darüber – ganz oben stehen die Zahlen Sieben bis Neun. Zweimal die gleichen Zahlen, zweimal als Zahlenblock angeordnet – und trotzdem unterschiedlich.

Beim Telefon hat das historisch-technische Gründe: Die Wählscheibe war eine mechanische Einrichtung, die einzelnen Ziffern mussten also mechanische Impulse auslösen. Wurde beispielsweise eine Neun gewählt, mussten neun Kontakte hintereinander geschlossen werden (die Kontakte für eins, zwei, drei, usw.) – der Weg auf der Wählscheibe war also lang. Vielleicht haben Sie noch das Rattern beim Wählen im Ohr. Die Null mit ihren zehn Kontakten war ganz hinten. Bei den modernen Telefonen wurde also einfach übernommen, dass, von eins beginnend, die Null nach der Neun kommt.

Beim Computer ist es genau umgekehrt – und auch hier gibt es ein Vorbild: Die Computer haben ihre Tastaturen von den Rechenmaschinen und Registrierkassen der Kaufleute übernommen. Weil die Null da am häufigsten gebraucht wurde, musste sie vorn, nahe beim Daumen sein. Weil alles noch mechanisch funktionierte, waren die Tasten für die Zahlen unterschiedlich hoch und mussten entsprechend unterschiedlich tief gedrückt werden. Die hohen Zahlen wie Sieben, Acht oder Neun hatten

die Tasten, die am weitesten herausstanden. Jetzt kann sich jeder vorstellen, dass es für die Hand praktischer ist, wenn hinten die hohen und vorne die niedrigen Tasten sind. Deswegen waren Sieben, Acht und Neun in der hinteren beziehungsweise oberen Reihe – und sind es am Computer heute noch. Und um die Verwirrung komplett zu machen: Bei den Geldautomaten wurde die Anordnung vom Telefon übernommen.
Vor etlichen Jahren gab es einen Versuch, beide Zahlenblocks zu vereinheitlichen. Keiner der Hersteller wollte nachgeben, und deshalb wird wohl alles bleiben wie es ist.

¡?!

Und weil das alles ziemlich kompliziert ist, widmen wir uns lieber einem Fachgebiet aus der Schule, das fürs alltägliche Leben von Bedeutung ist. Am ehesten hätten Sie das wohl im Sexualkundeunterricht mitbekommen können. Die Frage lautet: **Warum werden Kondome ausgerechnet Pariser genannt**? Die Antwort wussten selbst einige Kondomhersteller nicht …
Hintergrund für die Bezeichnung Pariser ist die sogenannte »Franzosenkrankheit« beziehungsweise die französischen Pocken. Das ist der alte Volksname für die Syphilis. Während der Napoleonischen

Kriege (1792–1815) wurde die Syphilis besonders stark durch die französischen Soldaten verbreitet – keine schöne Sache, denn die Syphilis war zu dieser Zeit zu 100 Prozent tödlich.
Casanova, der legendäre Liebhaber, wollte sich auf Frankreich-Reisen vor der Franzosenkrankheit schützen und zog sich deshalb eine Art Kondom aus Stoff, Tierdarm oder Schafshaut über. Zu Hause erzählte Casanova von dem Mittel, das ihm die Franzosenkrankheit vom Leib hielt – der Pariser war geboren.

!?!

Und damit sind wir am Ende unseres kleinen Ausflugs in die Welt der Schulfächer. Nach all diesen Informationen dürfte bei Ihnen jetzt wieder **alles im grünen Bereich** sein, was ihren Wissensstand angeht. Der »grüne Bereich« kommt übrigens aus der Physik, von den guten alten Anzeigen bei Kontroll- und Messgeräten. Meist haben die Messgeräte ein kleines, rundes Fenster, dahinter befinden sich ein Zeiger und eine Skala. Diese Skala hat üblicherweise einen roten und einen grünen Bereich. Ist der Zeiger im roten Bereich, heißt das: Achtung! Gefahr!, zu viel oder zu wenig. Ist der Zeiger im grünen Bereich, ist alles bestens – eben alles im grünen Bereich (*vgl. Sich grün sein, S. 97*).

# Deutsch als Fremdsprache

So! Jetzt reden wir mal **Tacheles**!
Ist Ihnen schon einmal aufgefallen, dass wir genau dann, wenn wir ohne Umschweife ungeschönt die Wahrheit sagen wollen – dass wir genau dann ein Wort verwenden, von dem wir gar nicht wissen, was dahintersteckt. Eigentlich komisch, oder? Aber natürlich lässt sich erklären, woher es kommt – und wenn das erst mal getan ist, dann gibt es nichts Klareres mehr, als Tacheles zu reden.
Tacheles ist ein jiddisches Wort und bedeutet auf Deutsch »Ziel« oder »Zweck«. Wir kommen also ohne große Umwege direkt ans Ziel beziehungsweise zum eigentlichen Zweck eines Gesprächs: wir reden Klartext.

!?!

Auch wenn so ein Gespräch das eine oder andere Mal unangenehm sein kann – eine freundliche Be-

grüßung und eine nette Verabschiedung sollten drin sein. In Bayern und Österreich gibt's für beide Anlässe ein und dasselbe Wort: **Servus!**
Wer Latein in der Schule hatte, mag sich vielleicht wundern, wieso aus Servus ein Gruß geworden ist, der nicht übel genommen wird. Denn wörtlich übersetzt bedeutet Servus »Sklave«. Aber, und so wird der Gruß daraus, es bedeutet auch Diener oder so viel wie »zu Diensten«.
Nicht nur Bedienstete waren stets zu Diensten, auch unter Adligen war Servus als Begrüßung oder Verabschiedung »in«. Neben Bayern und Österreich wird der Gruß auch in Polen, Rumänien und der Slowakei verwendet.

!?!

Wir haben also bisher gelernt: Klartext reden und eine freundliche Begrüßung sind im Umgang mit anderen Menschen das **A und O**. Wer bibelfest ist, kann diesen Absatz überspringen, für alle anderen hier der Ursprung dieser Redewendung: A und O steht für zwei Buchstaben aus dem griechischen Alphabet. Und zwar für den ersten, »Alpha«, und den letzten, »Omega«. Der Ausdruck »A und O« ist damit gleichbedeutend mit »der Anfang und das Ende«. Bekannt ist die Wendung vor allem durch eine Bibelstelle aus der Offenbarung des Johannes

(Kapitel 1, Vers 8): »Ich bin das Alpha und das Omega, spricht Gott, der Herr, der ist und der war und der kommt, der Herrscher über die ganze Schöpfung.« Das A und O umfasst den gesamten Lebensbereich, ist also etwas ganz Wesentliches und Wichtiges.

!?!

Wenn Sie nun den Ursprung von A und O kennen, heißt das leider noch lange nicht, dass Ihnen niemand **ein X für ein U vormachen** kann. Gerade, wenn Sie nicht hundertprozentig aufmerksam sind. Der Spruch stammt aus Zeiten, in denen der Wirt den aktuellen Stand der konsumierten Getränke seiner Gäste noch in römischen Zahlen festhielt. Fünf Bier wurden also beispielsweise mit dem Zeichen »V« aufgeschrieben (dieses »V« war aber nicht nur das Zeichen für die Zahl Fünf, sondern auch für den Buchstaben »U«). Wollte der Wirt die Zeche in die Höhe treiben, malte er unauffällig unten an das »V« zwei kleine Striche und machte ein »X« daraus. Aus fünf Bier wurden so im Handumdrehen zehn. Dem Gast, der in seinem Rausch die Rechnung zahlte, hatte der Wirt dann erfolgreich ein X für ein U vorgemacht.

!?!

Und war erst einmal das ganze Geld fürs Trinken »draufgegangen«, blieb dem Zecher nichts mehr für eine anständige Mahlzeit. Die Folge: unbändiger **Kohldampf**. Jeder weiß, was damit gemeint ist. Ein Bärenhunger zum Beispiel. Nur dass sich leichter erklären lässt, warum wir manchmal so viel Hunger wie ein großer, wilder Bär haben, als zu verstehen, was der leere Magen mit Kohldampf zu tun hat.
Die Lösung liefert uns die Gaunersprache, das sogenannte Rotwelsch. Diese Sprache wurde erfunden, damit sich die Gauner untereinander erkennen und verständigen konnten, ohne dass andere, vor allem die Polizei, die geheimen Absprachen verstanden. Kohldampf ist genau genommen eine Dopplung. Denn beide Teile des Wortes für sich genommen, »Dampf« und »Kohler«, bedeuten in der Gaunersprache nichts anderes als Hunger. »Hunger-Hunger« zeigt, dass jemand mit Kohldampf wirklich mächtigen Appetit hat.

¡?!

Ist der Magen endlich gefüllt, dann genießen die meisten von uns gerne einen schönen kleinen Espresso zur Verdauung. Wenn die ganze Verwandtschaft anrückt, können Sie nur unter einer Voraussetzung alle Gäste mit Kaffee versorgen: Sie müssen **alle Tassen im Schrank** haben – sonst könnte es knapp werden. OK, erwischt! Damit hat diese Redewendung natürlich überhaupt gar nichts zu tun. Vielmehr bezeichnen wir damit Zeitgenossen, die nicht ganz klar im Kopf sind, ein bisschen spinnen oder den Verstand verloren haben. Die »Tassen« haben, wie so viele Wörter im Deutschen, ihren Ursprung im Jiddischen. Der Ausdruck »toshia« bedeutet »Verstand«. Und aus »toshia« wurde im Laufe der Jahre »Tasse«. Damit haben die Tassen im Schrank den gleichen Ursprung wie die **trübe Tasse** und der berühmte **Sprung in der Tasse** (oder mittlerweile auch in der Schüssel).

!?!

Noch einen weiteren Ausspruch können wir aus dem Jiddischen herleiten: **Hals- und Beinbruch.** Das sagen wir dann, wenn wir eigentlich jemandem Glück wünschen. Nur hört es sich danach kein bisschen an. Oft wird dieser seltsame Wunsch, wie gesagt, auf eine jiddische Segensformel zurückgeführt. Sie heißt »hazloche un broche«, das bedeutet: Glück und Segen. Weil diese Redewendung aber außerhalb der jüdischen Gemeinde kaum jemand verstanden hat, wurde sie möglicherweise als »Hals- und Beinbruch« umgedeutet.

Allerdings – und auch das könnte eine Erklärung für Hals- und Beinbruch sein – gibt es auch die uralte Vorstellung der Menschheit, dass die Schicksalsmächte oft genau das Gegenteil von dem wahr werden lassen, was man sich wünscht. Indem wir also scheinbar etwas Schlechtes wünschen, versuchen wir, das Schicksal zu überlisten.

!?!

Mach' keine **Fisimatenten**! Das heißt so viel wie: Mach' keinen Aufstand, oder: Mach' keine Schwierigkeiten, und wir haben es alle schon mal gehört oder gesagt. Die Erklärungen sind zahlreich. Wahrscheinlich sind die Fisimatenten auf den lateinischen Ausdruck »visae patentes (litterae)« zurückzuführen. Das war im 15. Jahrhundert die amtliche Bezeichnung für eine behördliche Genehmigung. Im 16. Jahrhundert wurden daraus dann »visepatentes«. Weil Behördengänge schon damals ungefähr genauso beliebt waren wie heute – und auch ähnlich lange gedauert haben –, schwang bei diesem Ausdruck auch immer die Bedeutung »unnütze Scherereien« mit.
Im 17. Jahrhundert wurden dann aus den »visepatentes« endgültig die Fisimatenten (eventuell spielte auch das Wort »Visamente« zusätzlich eine Rolle, das so viel bedeutete wie unverständliche Ornamente oder Zierrat in Wappen). Die ursprünglich lateinischen Begriffe, die hinter den Fisimatenten ste-

cken, kennen wir übrigens heute noch: Visa und Patent.

In der Volksetymologie werden aber gerne auch noch andere, lustigere Geschichten zur Entstehung der Fisimatenten erzählt. Sie stammen aus der Zeit, als Deutschland unter napoleonischer Besatzung stand. Damals haben französische Soldaten immer wieder versucht, zum Zeitvertreib deutsche Mädchen in ihr Lager zu locken. Um das zu schaffen, haben sie angeblich »Visite ma tente« gesagt; übersetzt: »Besuche mein Zelt«. Den jungen Frauen, die abends Ausgang hatten, wurde also die Warnung mit auf den Weg gegeben, ja keine Fisimatenten zu machen – oder anders gesagt: einen großen Bogen um die Zelte der Franzosen.

Schließlich gibt es noch die Deutung, dass verspätete Heimkehrer die Fisimatenten zum Leben erweckt haben. Mussten sie sich bei den Kontrollen am Stadttor den Wachen erklären, war ihre Ausrede »Je viens de visiter ma tante« (Ich habe gerade meine Tante besucht).

!?!

Sollte diese Ausrede einmal nicht funktioniert haben, dann konnte das für die Betroffenen im Kerker enden. Sie können sich vorstellen, wie ungemütlich diese Löcher im Mittelalter waren: Hatte man Pech, war es nicht nur dunkel und feucht, nein: in einem richtig fiesen Kerker **zieht** es auch noch **wie Hechtsuppe**.

Gut, Hechtsuppe zieht vielleicht auf dem Herd, das ist für uns aber nicht als starker Luftzug bemerkbar. Sie ahnen es bestimmt schon: Auch die Hechtsuppe ist eigentlich ein Fremdwort, das sich ins Deutsche eingeschlichen hat. Und es kommt mit großer Wahrscheinlichkeit, wie so viele andere auch, aus dem Jiddischen, genauer gesagt von den beiden Begriffen »hech« (das bedeutet »wie«) und »supha« (das bedeutet »Sturm«). Beide Wörter wurden wohl in der Gaunersprache Rotwelsch verballhornt und dadurch zur Hechtsuppe. Wenn es also zieht wie Hechtsuppe, dann bedeutet das im wörtlichen Sinn, dass es zieht wie bei einem Sturm.

!?!

Wir können es keinem Gauner verdenken, wenn er möglichst schnell aus einem so zugigen Loch wieder herauswill. Und am besten schafft er das zusammen mit anderen Gefangenen. Denn dann kann einer eingeteilt werden, um **Schmiere** zu **stehen**.

Das hat allerdings überhaupt nichts mit Schmutz oder fettig klebriger Masse zu tun. Auch hier bedienen sich die Gauner wieder ihrer eigenen Sprache, dem Rotwelsch, und auch hier ist der Ursprung ein jiddisches Wort: »Schmiro« heißt so viel wie »Bewachung« oder »Wächter« (*vgl. Schmiergeld, S. 15*).

!?!

Wer sich mit der Gaunersprache auskennt, weiß also in vielen Fällen, **wo der Barthel den Most holt**. Genau richtig, auch hier hat diese Geheimsprache die Finger im Spiel. Der Barthel (oder rotwelsch »Barsel«) steht dabei für das Brecheisen, der Most für Moos, also Geld. Die Redewendung besagt also, dass man weiß, wie man mit dem Brecheisen an das Geld kommt.
Eine zweite Erklärung für den Barthel und seinen Most kommt gänzlich ohne Gaunersprache aus. Demnach könnte der Kalendertag des heiligen Bartholomäus hinter allem stecken, der 24. August. Im süddeutschen Raum heißt dieser Tag auch einfach nur kurz »Barthel« oder »Barthler«. Und an diesem Tag, so die traditionelle Überlieferung, kann man angeblich prognostizieren, wie gut die anstehende Weinlese wird – ob die Qualität stimmt und ob es viel oder wenig Most geben wird.

# Routiniert daneben

In diesem Kapitel sprechen wir über ganz alltägliche Dinge, über Routinen und Rituale. Sie sind, wie sie sind, sie fallen nicht besonders auf, aber wenn man genauer hinsieht, dann fragt man sich doch: Warum ist das so? Beispiel: Haben Sie als Frau schon mal versucht, das Hemd eines Mannes anzuziehen, oder Sie als Mann die Bluse einer Frau? Spätestens beim Knöpfen dürfte Ihnen aufgefallen sein, dass es einen klitzekleinen Unterschied gibt. Aber **warum werden Hemden andersherum geknöpft als Blusen?**

Gleich drei Theorien gibt es, die alle ihre Berechtigung haben und wohl auch alle zu diesem Phänomen beigetragen haben. Punkt eins führt Anstand als Grund für die unterschiedliche Knopfleiste an. Bei offiziellen Anlässen lief (und läuft) die Dame meist links vom Herrn. Wäre die Bluse genauso geknöpft wie das Herrenhemd, könnte der Mann der Frau leicht in die Bluse schauen – und das geht ja nun wirklich nicht.

Die zweite Theorie stützt sich auf die Frau in ihrer Rolle als Mutter. Da sie das Kind meist auf dem linken Arm trug, konnte sie die Bluse zum Stillen leichter mit der rechten Hand öffnen. Der Herr dagegen trug seinen Säbel oder Degen meist links – und konnte so beim Herausziehen der Waffe nicht mit dem Griff im Hemd hängen bleiben.

Erklärung Nummer drei schließlich sieht die Damen bei Hofe als Ursprung der unterschiedlichen Knopfleisten. Diese Damen hatten meist eine Zofe, die sie ankleidete. Dabei stand die Zofe ihrer Herrin gegenüber. Waren nun die Knöpfe auf der linken Seite, tat sich die Zofe wesentlich leichter bei ihrer Arbeit, weil sie mit der rechten Hand knöpfen konnte.

Übrigens gibt es den Knopf bei uns erst seit dem 13. Jahrhundert. Er wurde von den Kreuzfahrern aus dem Orient mitgebracht. Davor gab es nur Haken, Ösen und Bänder – und das war komplizierter, egal auf welcher Seite sie angebracht waren.

!?!

Wie auch immer Sie Ihre Kleidung schließen, für den perfekten Sitz ist in erster Linie die passende Größe verantwortlich. Und damit stehen wir vor dem nächsten Rätsel. Wir alle kennen unsere **Kleidergröße**, wir kaufen Bluse, Hose und Anzug regelmäßig danach ein (gut, vielleicht auch mal eine

Nummer größer als im Vorjahr). Aber wofür stehen 36, 38 und 40 – um einmal mit den Damengrößen anzufangen?
32 ist die kleinste Damengröße, 60 theoretisch die größte. Viele Firmen stellen diese oberen Größen aber gar nicht her. Die meisten Frauen in Deutschland tragen 40. Man könnte jetzt auch sagen, die Kleidergrößen heißen 1, 2, 3, 4 oder A, B, C, D. Tun sie aber nicht, weil es für 38, 40 & Co. eine ganz eindeutige Formel gibt: Halber Brustumfang minus sechs. Warum das ausgerechnet so ist, konnten mir die Mode- und Textilverbände, die ich dazu befragt habe, auch nicht sagen.
Wenn Sie diese Formel jetzt in einem praktischen Experiment überprüfen wollen, kann es sein, dass die Formel nicht stimmt. Aber auch das lässt sich begründen: Im allgemeinen Schlankheitswahn tricksen manche Firmen und machen eine 40 zu einer 38. Die Kundin freut sich, wenn ihr 38 passt. Das macht ihr die Modemarke sehr sympathisch und den – im wahrsten Sinne des Wortes – Etikettenschwindel gerne vergessen.
Jetzt wollen die Männer natürlich auch noch wissen, woher ihre Zahlen kommen (50 bis 54 sind bei den Herren recht häufig vertreten). Bei den Männern steht die Zahl ganz einfach für den halben Brustumfang.
Warum Ihr Kind mit äußerst schwacher Brust dann

86 trägt? Bei Kindern steht die Kleidergröße für die Körperhöhe.

¡?!

Viele Zahlen und komplizierte Formeln, denken Sie? Sie haben die Sache mit den Kleidergrößen nicht verstanden? Kann es sein, dass Sie blond sind?
Entschuldigung! Das war jetzt sehr direkt. Und dann auch noch ein blödes Vorurteil. Oder **stimmt es** doch, **dass Blondinen dumm sind**? Klares Nein. Es stimmt nicht. Das haben unzählige Studien nachgewiesen: Aussehen und Haarfarbe haben keinerlei Einfluss auf die Intelligenz. Aber das Vorurteil hält sich hartnäckig. Wahrscheinlich deshalb, weil es schon so alt ist.
Seit jeher kommen viele Kinder blond zur Welt – erst später dunkeln die Haare nach. Blond zu sein ist also das Symbol für Jugend und Naivität, für »kindlich« sein. Und Frauen, die blond bleiben, haben dieses kindlich-naive Aussehen oft bis ins Alter.
Dazu kommt, dass blonde Frauen manchmal sehr bewusst mit dem Klischee des blonden Dummchens spielen. Denn sie haben sehr wohl gemerkt, dass sie damit auf viele Männer anziehend wirken. Denn blond bedeutet jung und das bedeutet fruchtbar. Und mit diesen Tricks erfüllen einige Blondinen das eigene Klischee – eine Art Teufelskreis also.

Schon im antiken Rom wussten die Frauen, welche Anziehungskraft blondes Haar hat. Aus diesem Grund schnitten die Römerinnen ihren gallischen Sklavinnen die Haare ab und machten sich daraus Perücken.
Eine interessante Studie der Deutschen Forschungsgesellschaft liefert einen weiteren Anhaltspunkt, warum Blondinen als dumm angesehen werden – und sich möglicherweise tatsächlich so verhalten. Denn Menschen, so das Ergebnis der Studie, die glauben, dass andere sie für dumm halten, schneiden in Tests tatsächlich schlechter ab. Sie arbeiten gründlicher, um es allen recht zu machen. Dadurch machen sie ihre Arbeit aber auch langsamer, geraten immer mehr unter Zeitdruck und machen Fehler. Und bestätigen damit wiederum das Vorurteil gegen blonde Frauen.

!?!

Das nun folgende Phänomen taucht bei Menschen unabhängig davon auf, ob sie blond sind oder nicht: Bei manchen Menschen **zucken** die Muskeln **vor dem Einschlafen**. Vielleicht haben Sie es schon einmal beobachtet. Das ist bei einem Viertel der Bevölkerung so und kommt bei Frauen häufiger vor als bei Männern. Das Zucken ist eine genetische Veranlagung, wird also vererbt.

Was aber passiert genau, wenn bei dem Menschen im Bett neben Ihnen, oder bei Ihnen selbst, plötzlich ein Ruck durch den ganzen Körper geht? Die Deutsche Gesellschaft für Schlafforschung und Schlafmedizin hat das Einschlaf-Zucken genau untersucht: Beim Übergang vom Wachsein zum Schlafen fangen die Muskeln an, sich zu entspannen. Bei manchen Menschen sind die Muskeln aber nicht so ganz sicher, ob sie sich jetzt tatsächlich entspannen dürfen. Deswegen führen sie noch eine Art Funktionsprüfung durch. Sie zucken und dann schalten sie beruhigt um auf Entspannung. Das Zucken vor dem Einschlafen ist also völlig normal und unbedenklich (*vgl. Gardinenpredigt, S. 13*).

!?!

Unser Körper spielt aber nicht nur vor dem Einschlafen verrückt. Er ist eine so komplexe Maschine, dass manchmal einige Prozesse schieflaufen. Normalerweise bekommt man eine heftige Gänsehaut, wenn man friert. Allerdings haben bestimmt schon viele erlebt, dass sie **in einer heißen Badewanne Gänsehaut bekommen**. Dafür gibt es einen wunderschönen Fachbegriff: das »paradoxe Kälteempfinden«. Und das kommt so zustande: Weil die Kältepunkte unseres Körpers näher an der Hautoberfläche liegen als die Wärmepunkte, melden die

Kältepunkte die Temperaturveränderung beim Einsteigen in die heiße Badewanne als erste ans Gehirn und wir bekommen eine Gänsehaut. Erst etwas später merkt das Gehirn, dass es gar nicht kalt ist. Dieses paradoxe Kälteempfinden haben wir immer dann, wenn die Haut schnell auf über 40 Grad erwärmt wird (*vgl. Spa, S. 116*).

!?!

Den Begriff »paradoxes Kälteempfinden« muss man nicht unbedingt kennen. Man wird ja auch nicht so oft damit konfrontiert. Viel wesentlicher ist es, die Namen von Dingen zu kennen, die wir fast täglich benutzen. Zum Beispiel von diesem **Ding an der Supermarktkasse**, das man zwischen die Einkäufe auf das Band legt. Erwischt! Oder hätten Sie's gewusst?

Es kursieren unzählige Namen: Warenteiler, Trennleiste oder Kundentrenner. Viele Verkäuferinnen nennen es auch einfach Schuber. Der offiziell am häufigsten verwendete Name ist aber Warentrenner. So nennen auch Werbefirmen und Supermarktausrüster das Ding und die Profis müssen es wissen, schließlich stellen sie ja die Warentrenner her und verkaufen sie.

!?!

Der Supermarkt ist vielleicht nicht der beste Ort, um Rosen zu kaufen, ab und an, meine Herren, sollten die aber auf Ihrem Einkaufszettel stehen. Schließlich ist die Rose **die Blume der Liebe**. Diese Position wird ihr wohl keine andere Blume mehr streitig machen, denn die Rose hat diesen Platz schon sehr früh eingenommen. Bei der Geburt der Liebesgöttin Venus soll es Rosen geregnet haben, auch bei den Germanen war die Rose der Liebesgöttin Freya geweiht. Deshalb wurden damals an heiligen Orten Heckenrosen gepflanzt.
Auch die Römer und Ägypter setzten die wehrhafte Schönheit als bestechendes Argument ein. So hat Kleopatra angeblich ihre erste Liebesnacht mit dem römischen Feldherrn Marcus Antonius in einem Meer von Rosenblättern verbracht.
Schließlich spielt natürlich auch der betörende Duft der Rose eine wichtige Rolle. Der ist so beliebt, dass er sogar in Fläschchen konserviert wird. Rosenlikör gilt als Aphrodisiakum – Casanova, der sich in diesen Belangen bestens auskannte, beträufelte die Körper seiner Geliebten deshalb regelmäßig mit Rosenwasser.

¡?!

Damit wir wieder einen kühlen Kopf bekommen, steht am Ende dieses Kapitels eine sportliche Frage.

Bislang ist Ihnen eines wahrscheinlich noch gar nicht aufgefallen: Egal, ob beim 400-Meter-Lauf, beim Eisschnelllauf, sogar bei Hunde- oder Pferderennen – alle **Sportler laufen linksherum**, also gegen den Uhrzeigersinn.
Dafür verantwortlich ist ein Urinstinkt. Das Herz sitzt beim Menschen links, und wir haben uns angewöhnt, dieses wichtige Organ zu schützen. Deswegen drehen wir eher die rechte Seite nach vorn. Daher kommt es auch, dass die meisten Menschen Rechtshänder sind. Von Natur aus haben wir einen Linksdrall. Das rechte Bein ist bei den meisten Menschen ein bisschen länger als das linke und deshalb ist ein Schritt mit dem rechten länger als ein Schritt mit dem linken Bein. Das lässt sich sehr schön an einem einfachen Beispiel zeigen: Wenn jemand mit verbundenen Augen versucht, geradeaus zu gehen, geht er irgendwann im Kreis.
So weit der Instinkt. Aber, wie gewöhnlich, keine Regel ohne Ausnahme. An der Universität in Oxford liefen die Studenten beim Sporttraining immer rechtsherum. Und auch bei den zweiten Olympischen Spielen der Neuzeit 1896 in Athen mussten alle Athleten rechtsherum laufen. Schuld war ein gewisser Konstantinos Manos. Er war Mitorganisator und hatte ausgerechnet in Oxford studiert ...
Schon bei den nächsten Spielen ging es aber für alle, wie heute auch, linksherum.

## Farbe bekennen

Tauchen Sie mit mir ein in die Welt des Hochadels, in die Welt der **Blaublüter**. Diese Bezeichnung – und auch die Varianten »blaublütig« und »blaues Blut« – gibt es bei uns in Deutschland seit Anfang des 19. Jahrhunderts.
Sie kommt aus Spanien, wo sie bereits im 8. Jahrhundert entstand. Damals gehörten viele Adlige in Spanien dem germanischen Stamm der Westgoten an, die Jahrhunderte zuvor in Spanien eingewandert waren. Diese germanischen Westgoten hatten eine sehr dünne, helle Haut. Am Handrücken oder an den Schläfen sah man deshalb häufig die Adern blau durchschimmern. Daraus entstand zunächst der Begriff »azurblaues Blut«. Die Adligen unterschieden sich also schon rein äußerlich von der einheimischen Bevölkerung – die natürlich immer braun gebrannt war – so, wie wir Spanier eben kennen.

Genau genommen wirft diese Antwort eine andere, sehr elementare Frage auf. **Warum schimmern Adern blau?** Blut ist doch rot! Zwei Faktoren spielen eine Rolle: Zum einen ist venöses Blut, das bereits durch diverse Organe gegangen ist, sauerstoffärmer und dadurch viel dunkler, also schon dunkelrot bis braun. Dadurch sieht man Venen schon mal viel besser als Arterien, deren Blut frisch vom Herzen kommt, voller Sauerstoff und dadurch viel heller ist.
Dass Venen nun blau schimmern, hängt aber letztendlich mit der Lichtbrechung zusammen. Der rote, langwellige Anteil des Lichts dringt tiefer in die Haut ein und wird vom roten Blut komplett absorbiert. Der kurzwellige, blaue Anteil des Lichtspektrums wird dagegen reflektiert, das heißt, nur die blauen Lichtwellen kommen wieder zurück – die Venen schimmern blau unter der Haut. Das trifft aber nur auf Venen zu, die 0,5 bis zwei Millimeter unter der Hautoberfläche liegen.
Und dann gibt es da noch einen einfachen Trick, um selbst zu sehen, dass das Blut tatsächlich rot ist, auch wenn es blau schimmert. Wenn wir mit einer starken Taschenlampe durch die Haut leuchten, schimmern die Venen wieder rot. Denn durch die Taschenlampe dringt so viel Licht ein, dass die roten Wellen nicht alle absorbiert werden können und ebenfalls reflektieren.

!?!

Nun sind dem blaublütigen Grafen meist ein sehr gutes Benehmen und eine Menge Anstand zu eigen. Trotz blauen Blutes dürfte man ihn also selten völlig blau antreffen – zumindest nicht in der Öffentlichkeit. Und so ist die Erklärung für das **Blausein** auch eine völlig andere.
Dieser Begriff kommt aus der Sprache der Färber im Mittelalter. Diese Handwerker haben übrigens auch die Begriffe **blaumachen** und **blauer Montag** geprägt. Aber der Reihe nach: Sonntags wurden Textilien in die sogenannte Küpe (Färberlauge) gelegt, um sie blau zu färben. Richtig blau wurden sie aber erst, wenn sie an der Luft trockneten. Das dauerte meist den ganzen Montag: An dem wurde das Blau gemacht, also aus Sicht der Färber blaugemacht. Es war also, anders gesagt, ein blauer Montag.
Fehlt jetzt noch das Blausein. Das Blau der Stoffe wurde besonders schön, wenn viel Alkohol zugesetzt wurde. Weil der aber viel zu teuer und zu schade war, um ihn einfach so zuzugeben, haben ihn die Färber in rauen Mengen selbst getrunken und erst dann quasi indirekt hinzugegeben. Um es deutlich zu sagen: Schon im Mittelalter war bekannt, dass die Küpe besonders gut gelang, wenn Urin von Männern hineinkam, die ordentlich gebechert hatten – also blau waren.

\?!

Warum jemand, der richtig blau ist, plötzlich ganz grün im Gesicht werden kann, können Sie sich sicherlich selbst vorstellen. Trotzdem passt dieser Farbwechsel sehr gut. Denn **warum,** um alles in der Welt, **sind sich zwei Menschen**, die nicht miteinander können, **nicht grün**? Ganz einfach: Mit der Farbe hat das Wort grün in diesem Fall überhaupt nichts zu tun. Es wird in dieser Redewendung in seiner ursprünglichen Bedeutung benutzt. Mittelhochdeutsch hieß das Wort »grüene« und gehörte zu dem Verb »grüejen«. Das gibt's mittlerweile nicht mehr, es hatte aber die Bedeutung: wachsen beziehungsweise grünen. Den gleichen Wortstamm haben wir zum Beispiel im Englischen: »to grow» heißt auch wachsen oder gedeihen.

In der Redewendung »Jemandem nicht grün sein« hat das Wörtchen grün also die Bedeutung von zusammenwachsen oder gedeihen – in diesem Fall bezogen auf eine Freundschaft oder Beziehung. Und bei Menschen, die sich nicht leiden können, wächst auch nichts zusammen (*vgl. Grüner Bereich, S. 75*).

\?!

Eindeutig um die Farbe geht es bei Entscheidungen, die **am grünen Tisch** getroffen werden. Dahinter

steckt ein Tisch mit einer grünen Tischdecke. Und der stand im Kurfürstenzimmer des Regensburger Rathauses. Zu Zeiten des Immerwährenden Reichstags (*vgl. Auf die lange Bank schieben, S. 21*) saßen an diesem Tisch die Kurfürsten zusammen, um wichtige Entscheidungen zu treffen. Allerdings waren viele dieser Entscheidungen etwas realitätsfern. Denn die Kurfürsten waren häufig schlecht informiert, weil die reitenden Boten für wichtige Nachrichten aus den verschiedenen Ecken des Reiches oft wochenlang brauchten. Folglich kam es vor, dass am grünen Tisch nur aufgrund theoretischer Überlegungen entschieden wurde.
Bis heute hat sich die Regensburger Bezeichnung »am grünen Tisch entscheiden« gehalten – für Beschlüsse, die nur auf theoretischer Basis gefasst wurden, in der Praxis aber meist nichts taugen.

!?!

Ein Entschluss, der am grünen Tisch gefallen ist, wird wohl bei dem einen oder anderen, der davon betroffen ist, für Überraschung sorgen.
Das Wörtchen »grün« kann aber auch genau das Gegenteil bedeuten, nämlich, dass etwas gar nicht überraschend ist, sondern völlig unspektakulär. Einfach **das Gleiche in Grün**. Für diese Enttäuschung hat erstmals Opel bei seinen Kunden gesorgt.

1924 führte der Autobauer als erstes deutsches Unternehmen die Serienfertigung am Fließband ein. Produziert wurde der Kleinwagen »Opel Laubfrosch« – den es nur in grüner Farbe zu kaufen gab. Doch der Wagen war keine Neuerfindung, sondern die identische Kopie des französischen Citroën 5CV aus dem Jahr 1921. Der einzige Unterschied: Statt gelb wurde der Wagen grün lackiert und war so »dasselbe in Grün«.

!?!

Ziemlich düster und farblos wird es, wenn alles um uns herum **stockdunkel** ist. Diese Bezeichnung geht allerdings weder auf einen Ast noch auf einen Spazierstock zurück, sondern auf das Stockhaus. So hieß früher das Gefängnis. Die Zellen hatten – zur größeren Abschreckung – keine Fenster, die Gefangenen saßen also im Dunkeln. Daraus wurde die Redewendung »Es ist so finster wie im Stockhaus«, denn in der Zelle war es somit stockdunkel oder stockfinster.
Die echte Bedeutung der Silbe »stock« ging im Laufe der Zeit verloren – heute wird sie verwendet, um ein Wort zu verstärken. Neben stockdunkel kennen wir zum Beispiel **stockbesoffen**, **stocknüchtern**, **stockdumm** oder auch **stockschwul**.

!?!

Ein Kontrolleur der Deutschen Bahn wiederum reagiert stocksauer, wenn er jemanden beim **Schwarzfahren** erwischt.
Das Wort schwarz ist uralt und bezeichnete ursprünglich nicht nur die Farbe, sondern hatte auch die Bedeutung »dunkel«. Schwarzer Tee zum Beispiel ist auch eher dunkel als wirklich schwarz.
Im Laufe der Jahre wurde diese Bedeutung von schwarz dann auch auf Dinge übertragen, die im Verborgenen geschehen: Jemand, der schwarzfährt, achtet natürlich darauf, dass er unerkannt bleibt und nicht erwischt wird. Ähnlich verhält es sich auch mit einem Phänomen, das uns in Deutschland schwer zu schaffen macht: mit der Schwarzarbeit.

!?!

Schwarz vor Augen wird uns, wenn wir die folgende Redewendung wörtlich nehmen. Nämlich dann, wenn wir eine Faust aufs Auge bekommen. Eigentlich eine klare Sache und trotzdem taucht immer wieder die Frage auf, ob etwas nun besonders gut oder besonders schlecht ist, wenn **es passt wie die Faust aufs Auge**. Stellen Sie sich vor, Ihre Frau sagt Ihnen, dass das Hemd zu Ihrem Anzug passt wie die Faust aufs Auge. Passt es so gut, wie die Form einer

Faust aufs Auge oder so schlecht, weil die Faust aufs Auge höllisch wehtut?
Sich über diese Bedeutung zu streiten ist völlig gerechtfertigt, denn: Es kann tatsächlich beides bedeuten! Ursprünglich steckte hinter der Redewendung der schmerzhafte Schlag. In diesem Fall hätten Sie also mit Ihrem Hemd ordentlich danebengegriffen. Weil die Redewendung aber ganz oft ironisch gebraucht wurde, kann »die Faust aufs Auge« heutzutage auch bedeuten, dass etwas sehr gut passt. Sie müssen also Ihren Gesprächspartner einschätzen und selbst herausfinden, ob Sie gerade ein Kompliment bekommen haben oder sich besser noch einmal umziehen …

# Vom Milchmädchen und dem alten Schweden – Ein Märchen in 13 Fußnoten

Es war einmal ein junges und sehr hübsches Milchmädchen. Jeder im Dorf kannte sie und jeder Mann im Dorf wollte sie zur Frau. Die Eltern des Mädchens hätten ihre Tochter gerne mit dem jungen Schmied verheiratet. Der suchte eine gute Frau und hatte ein gesichertes Einkommen. Und der Schmied hätte eher heute als morgen Ja gesagt, denn – wie gesagt – das Milchmädchen war wunderschön. Doch sosehr die Eltern ihrer Tochter auch zuredeten – ihr Vorhaben, sie mit dem Schmied zu verkuppeln, war eine **Milchmädchenrechnung**[1], die nicht aufging.

Denn das Milchmädchen interessierte sich nicht im Geringsten für den Schmied. Sie hatte nur Augen für einen Einzigen. Sehr zum Leidwesen ihrer Eltern. Oder besser gesagt, zum Leidwesen des ganzen

Dorfes. Denn keiner konnte verstehen, wie das hübsche, junge Ding von diesem Mann träumen konnte. Er lebte ganz allein, am Rande des Dorfes: ein **alter Schwede**[2], der zu niemandem im Dorf Kontakt hatte. Zu niemandem, außer zu ebendiesem Milchmädchen.

Die beiden verstanden sich prima – und hätte nicht das ganze Dorf einen solchen Abscheu gegen ihre Verbindung gehabt, dann wären sie schon längst verheiratet gewesen. Aber alle Spötteleien und Anfeindungen zum Trotz trafen sich die beiden heimlich jeden Tag. Er brachte sie zum Lachen. Wenn er ihr seine Geschichten erzählte, wurde sie regelrecht zur **Kichererbse**[3].

Die Eltern des Milchmädchens wussten sich bald nicht mehr zu helfen. Dieser Mann war untragbar für ihre Tochter. Sie heckten einen gemeinen Plan aus: Der Schmied behauptete nun eines Tages, man habe ihm wertvolles Metall aus der Werkstatt gestohlen. Und er habe auch gesehen, wer es war. Der alte, wunderliche Mann vom Dorfrand. Ein Prozess war gar nicht nötig, das ganze Dorf war sowieso einer Meinung: Schuldig! Und so landete der alte Schwede hinter **schwedischen Gardinen**[4], die kein anderer angefertigt hatte als der Schmied höchstpersönlich.

Das Milchmädchen war untröstlich. Jede Nacht schlich sie sich davon, um zum Gefängnis zu laufen und durch die Gitter mit ihrem Schweden zu sprechen. Dass sie dabei **frieren** musste **wie ein Schneider**[5], war ihr egal.

Eines Abends hatte das Mädchen eine besondere Überraschung für ihren Geliebten. Des Tags hatten ihre Eltern sie zum Schmied gezerrt, um die Hochzeit zu besprechen, die die Eltern mittlerweile unerbittlich planten, die für ihre Tochter aber das Ende der Welt bedeutet hätte. Und während ihre Eltern und der Schmied noch eifrig mit Verhandlungen beschäftigt waren – und sie scheinbar teilnahmslos in der Ecke der Werkstatt stand – fiel ihr Blick auf eine große Feile auf der Werkbank. Langsam und vorsichtig hatte sie die Feile genommen und unter ihrem Kleid versteckt. Und jetzt reichte sie dem alten Schweden das Werkzeug durch die Gitter.

Es war eine **Sisyphusarbeit**[6], bis der Schwede zwei der schweren Gitterstäbe durchgefeilt hatte, doch drei Nächte darauf konnten die beiden fliehen. Das Milchmädchen wusste, dass es jetzt kein Zurück mehr gab, denn die **Tracht Prügel**[7], die sie zu Hause erwartet hätte, wollte sie sich nicht einmal vorstellen. Aber sie hatte keine Angst und wusste, dass die Flucht mit dem alten Schweden die richtige Entscheidung gewesen war.

Der Plan der Eltern war ordentlich **in die Binsen gegangen**[8]. Ihre Tochter war weg und von Tag zu Tag grämten sie sich mehr über das, was sie getan

hatten. Sie vermissten ihre Tochter und wünschten, sie hätten anders gehandelt.
Unterdessen war das Milchmädchen überglücklich. Sie hatte mit dem alten Schweden ein neues Leben angefangen und einem gesunden Sohn das Leben geschenkt, der per **Kaiserschnitt**[9] zur Welt gekommen war. Ab und an musste der alte Schwede fort, um Geschäfte zu machen. Aber sie ertrug geduldig die Nächte als **Strohwitwe**[10], denn sie wusste, dass er nie lange wegblieb.
Als aber das Söhnchen des Milchmädchens seinen ersten **Milchzahn**[11] bekam, überkam sie eine solche Sehnsucht nach ihren Eltern, dass sie den alten Schweden unter Tränen bat, das Risiko zu wagen und die Eltern zu besuchen. Der alte Schwede liebte sein Milchmädchen so sehr, dass er keine Sekunde zögerte. Schon am nächsten Morgen brachen die beiden auf.
Es ist eine **Binsenweisheit**[12], dass dieses Märchen ein Happy End hat. Natürlich haben sich die Eltern des Milchmädchens gefreut, natürlich waren sie stolz auf ihren Enkel und natürlich haben sie den alten Schweden am Ende dann doch akzeptiert. Und wenn sie noch nicht **weg vom Fenster**[13] sind, dann leben sie noch heute.

!?!

[1] In der Fabel »Das Milchmädchen und der Milchtopf« (La Laitière et le Pot au Lait), die der Dichter Jean de La Fontaine um 1650 schrieb, geht es um das Milchmädchen Perrette. Sie ist auf dem Weg in die Stadt, um dort ihre Milch zu verkaufen. Unterwegs träumt sie bereits davon, wie sie den Erlös gewinnbringend einsetzen könnte. Sie plant, Hühner zu züchten und deren Eier ebenfalls zu verkaufen. Dies könnte ihr ermöglichen, ein Schwein und später gar eine Kuh zu erwerben.
Ihr Plan wird jäh zunichte gemacht: Perrette ist so glücklich über ihren zukünftigen Reichtum, dass sie ins Stolpern gerät und die gesamte Milch verschüttet. Ihre **Milchmädchenrechnung** geht leider nicht auf.
Eine andere Deutung bezieht sich auf die früher verbreitete Annahme, dass die Dorfmädchen, die die Milch zu den einzelnen Häusern brachten, oft etwas schusselig und nicht besonders gut im Kopfrechnen waren. Beim Abrechnen der Milchlieferung lagen sie deshalb öfter mal daneben.

\?!

[2] Wahrscheinlich geht **alter Schwede** auf eine Begebenheit nach dem Dreißigjährigen Krieg zurück. Der preußische Kurfürst Friedrich Wilhelm I. warb damals altgediente schwedische Soldaten als

Ausbilder für das preußische Heer an. Diese Soldaten hatten eine solche Popularität, dass der Begriff in den allgemeinen Sprachgebrauch übernommen wurde. Übrigens durchaus anerkennend gemeint.

!?!

[3] Der botanische Name für die **Kichererbsenpflanze** ist »cicer arietinum«. Ausgesprochen wurde das »kiker« (heute spricht man zumindest in Süddeutschland »cicer« mit Z aus). Aus »kiker« hat sich im Althochdeutschen das Wort »kihhira« für Kichererbse entwickelt. Das führte dann schließlich dazu, dass wir diese bestimmte Erbsenart als Kichererbse bezeichnet haben.

!?!

[4] Gardine kommt in diesem Fall aus der Gaunersprache und ist ein verniedlichender Ausdruck für das Gefängnisgitter. **Schwedische Gardinen** waren es deshalb, weil die Gitterstäbe aus einem sehr hochwertigen Stahl gemacht wurden, der wiederum aus schwedischem Erz hergestellt wurde.

!?!

[5] **Frieren wie ein Schneider** kommt wohl daher, dass die Schneider früher in der Vorstellung der Menschen sehr dünn und daher besonders kälteempfindlich waren (dieses Klischee wurde wohl auch in der Realität durch viele besonders dünne Schneider bestätigt) (*vgl. Aus dem Schneider sein, S. 122*).

\?!

[6] Sisyphus ist ein Held aus der griechischen Mythologie. Er ist ein ziemlich übler Bursche, der die Götter austrickst, lügt und betrügt. Die Götter wollen ihn dafür bestrafen – aber durch irgendeine List entkommt Sisyphus immer wieder. Als er dann schließlich doch in der Unterwelt landet, bekommt er dort eine nie endende Aufgabe aufgebrummt: Er muss einen Felsblock einen steilen Hang hinaufrollen.
Aber immer, wenn er es fast geschafft hat, rutscht ihm der Felsblock aus der Hand, donnert ins Tal und er muss wieder von vorne beginnen. Er wird also nie fertig und darum bezeichnet man eine schwierige, langwierige Aufgabe als **Sisyphusarbeit**.

\?!

[7] Eine **Tracht Prügel** ist im Grunde genommen eine recht seltsame Kombination. Tracht steht in dieser Redewendung für den – heute veralteten – Begriff »aufgetragene Speisen«. Das Verabreichen von Prügeln wurde also früher mit dem Servieren von Gerichten verglichen.

!?!

[8] Dass mal etwas **in die Binsen geht,** ist ein Bild, das von der Entenjagd stammt. Denn wenn eine Ente nach dem Abschuss ins Schilf, also in die Binsen, gefallen war, konnte der Jagdhund sie meist nicht mehr finden – die Beute war also verloren.

!?!

[9] Der **Kaiserschnitt** verdankt seinen Namen Julius Cäsar. Der Legende nach soll er durch einen Kaiserschnitt auf die Welt gekommen sein. Der Name Cäsar wiederum bedeutet »der aus dem Mutterleib geschnittene« (lat. »caedare« heißt schneiden). Aus Cäsar hat sich der Begriff Kaiser entwickelt – und so wurde aus dem »cäsarischen Schnitt« der Kaiserschnitt.

Dass Cäsar aber wirklich per Kaiserschnitt zur Welt gekommen ist, ist sehr unwahrscheinlich. Denn ob die römischen Ärzte den Kaiserschnitt damals über-

haupt schon kannten, weiß heute keiner mehr. Fraglich ist auch, wie »erfolgreich« dieser Eingriff damals gewesen wäre. Vermutlich hätten ihn die Frauen nicht überlebt. Cäsars Mutter Aurelia wird aber auch nach dessen Geburt noch mehrmals erwähnt und soll sich bester Gesundheit erfreut haben.
Der erste erfolgreiche Kaiserschnitt in Deutschland erfolgte 1610 in Wittenberg durch Jeremias Trautmann. Heute kommt bei uns jedes vierte Baby per Kaiserschnitt zur Welt.

\?!

10 Der Ausdruck **Strohwitwe** ist in dieser Bedeutung – dass frau alleine ist, weil der Partner verreist ist – seit Anfang des 18. Jahrhunderts dokumentiert. Und weil die Menschen zu dieser Zeit, je nachdem, wie reich sie waren, noch auf Strohbetten schliefen, ist die Strohwitwe die Person, die auf dem Bettstroh alleine gelassen wurde.

\?!

11 Die Antwort ist sehr nahe liegend. Die **Milchzähne** heißen so, weil Kinder ihre Zähnchen in dem Alter bekommen, in dem sie gestillt werden, also nichts anderes trinken als Milch. Außerdem sind Milchzähne ebenso weiß wie Milch.

[12] Die Binse ist eine Sumpfpflanze, die im Gegensatz zu anderen Gräsern keine Knoten hat. Sie ist also völlig glatt. Etwas Selbstverständliches wurde früher als binsenglatte Wahrheit bezeichnet. In Anlehnung an das lateinische Sprichwort »nodum in scirpo quaerere«, das heißt so viel wie »einen Knoten an der völlig glatten Binse suchen«, also Schwierigkeiten da zu suchen, wo es eigentlich gar keine gibt, wurde mit der Zeit aus der binsenglatten Wahrheit die Binsenwahrheit oder **Binsenweisheit**.

!?!

[13] Um dieser Redewendung auf die Spur zu kommen, müssen wir bildlich an die Sache rangehen. Der Platz am Fenster ist hervorragend, um alles mitzubekommen, was in der Welt draußen los ist. Ist nun jemand **weg vom Fenster**, also nicht mehr an dem Platz mit Ausblick, bekommt er nur noch mit, was in seinen eigenen vier Wänden passiert. Wer weg vom Fenster ist, ist also quasi von der Außenwelt abgeschnitten.

# Kurz und gut

In der Kürze liegt die Würze, heißt ein Sprichwort. Oft genug halten wir uns leider nicht daran – ich denke dabei an so manche Rede bei festlichen Anlässen, die etwas gestrafft durchaus unterhaltsamer gewesen wäre. Zum Glück gibt es in unserem Sprachgebrauch aber wiederum unzählige Möglichkeiten, etwas kurz, knapp und gut auszudrücken. Jeder weiß sofort, was damit gemeint ist, aber auch hier gibt es genügend Kürzel, die wir beinahe tagtäglich verwenden, ohne genau zu wissen, wo ihr Ursprung liegt. Aber bevor ich noch weiter lange schwadroniere, fasse ich mich lieber kurz.

Wenn jemand etwas sehr gut kann, dann beherrscht er es **aus dem Effeff**. Warum das so ist, wird unterschiedlich gedeutet. Der erste Ansatz bezieht sich auf die Kaufmannssprache: Seit dem 17. Jahrhundert werden Waren, die besonders gut sind, mit einem Kürzel bezeichnet: Zum einen gibt es Waren der Kategorie »f« – das steht für das italienische »fino«

(also fein). Ist eine Ware besonders gut, wird sie mit »ff« gekennzeichnet (italienisch »finissimo«).
Eine zweite Erklärung kommt aus der Musik, auch da gibt es die Kürzel »f« und »ff«. In diesem Fall stehen die Kürzel für »forte«, also laut, und »fortissimo«, sehr laut. In beiden Fällen drückt das doppelte F eine Verstärkung aus. Bezogen auf das Effeff heißt das, jemand kann etwas besonders gut.
Eine weitere Deutung beruht auf einem Lesefehler in den sogenannten Pandekten. Das sind Zusammenstellungen aus den Werken römischer Rechtsgelehrter. Alles, was in diesen Büchern stand, galt als zuverlässig und gründlich. Die Juristen im Mittelalter zitierten bestimmte Textstellen aus diesen Pandekten und kennzeichneten diese mit dem griechischen Buchstaben π (»pi«). Wurde dieses Zeichen etwas zu schwungvoll gemacht, sah es aus wie zwei F. Bei wichtigen Passagen stand somit ein »ff« an der Seite – Juristen schöpften also aus dem Effeff ihr Wissen.

!?!

Zurück in die Gegenwart. Dort begegnet mir regelmäßig ein Kürzel beim Frühstück – auf der Milchpackung. Ein kleines **e**, das immer direkt bei der Mengenangabe auf der Verpackung steht. Wenn Sie das kontrollieren wollen, brauchen Sie keine Milchtüte zu Hause zu haben, Sie finden es beinahe auf jeder Verpackung, die Sie im Supermarkt kaufen können.

Dieses Zeichen hat mit der EU-Fertigpackungsrichtlinie zu tun: Es bedeutet, dass wir uns darauf verlassen können, dass auch wirklich die angegebene Menge in einer Packung drin ist – sei es Milch, Saft, Reis, Schokoriegel oder was auch immer. Das »℮« garantiert, dass die Maschinen, die die Verpackungen füllen, geeicht sind. Der Inhalt weicht deshalb nur selten und nur in ganz engen Grenzen von dem ab, was auf der Packung steht.

!?!

Leider gibt's nicht nur Leistungen aus dem Effeff und zuverlässige Packungsmengen. Manche Dinge in unserem Alltag sind einfach nur **08/15** – also nichts Besonderes. Dabei stammt diese Bezeichnung von einem Gegenstand, der für die meisten von uns alles andere als alltäglich ist. 08/15 geht zurück auf eine Waffe, genauer gesagt auf ein Maschinengewehr, das 1908 auf den Markt kam. 1915 wurde dieses Gewehr weiterentwickelt – daher der Name 08/15. Die Waffe war aber nicht nur im Ersten, sondern auch noch im Zweiten Weltkrieg im Einsatz und daher nach über 20 Jahren seit ihrer Entwicklung etwas in die Jahre gekommen. Die Bezeichnung

08/15 für ein leicht antiquiertes Standardgewehr ging dann bald auch in den Alltagsgebrauch über – für gewöhnliche, herkömmliche Dinge.

\?!

Kennen Sie auch die kleinen Ortschaften in Ihrer Umgebung, die ganz schwer zu erreichen sind? Die liegen **JWD**, sagt zumindest jeder, aber warum bitte schön JWD?
Die Erklärung für dieses Kürzel ist ganz einfach: Es kommt aus Berlin und bedeutet nichts anderes als »janz weit draußen«. JWD entstand wohl in Anlehnung an die Kürzel der Berliner Postbezirke. Da gab es beispielsweise Berlin SW für Berlin Südwest. Und spaßhaft wurde dann auch der Bezirk JWD erfunden – eben für die Orte, wo kein Mensch hinkommt.

\?!

Manchmal suchen wir aber gerade diese Orte ganz gezielt auf. Nämlich dann, wenn wir unsere Ruhe haben und mal richtig entspannen wollen. Eine schöne, kleine Wellnessoase, weit weg vom alltäglichen Trubel. So gibt es mittlerweile viele Hotels – und das eben nicht nur in der Großstadt –, die für ihre Kunden einen Wellnessbereich gebaut haben.

Oft werden diese Verwöhnbereiche auch **Spa** genannt.
Eine weitverbreitete Erklärung für das Wörtchen Spa lautet: Es steht für »sanus per aquam«, also »gesund durch Wasser«. Klingt logisch, ist aber falsch. Tatsächlich ist die Bezeichnung Spa zurückzuführen auf den belgischen Badeort Spa, der heute vor allem für seine Formel-1-Rennstrecke berühmt ist. Schon seit dem 16. Jahrhundert besuchten hauptsächlich britische Touristen die Heilbäder von Spa und ließen es sich dort so richtig gut gehen.
Mitte des 20. Jahrhunderts wurde es dann nach und nach Usus, den belgischen Badeort mit Wellnessbereichen im Allgemeinen gleichzusetzen (*vgl. Heiße Badewanne, S. 90*).

Ob im Spa oder zu Hause – egal wo wir uns befinden, eines brauchen wir immer. Wir brauchen das stille Örtchen, auf das wir uns ab und an zurückziehen können. Dieses Thema soll jetzt sicherlich nicht vertieft werden. Aber auch hier taucht ein Kürzel auf, das sich zu klären lohnt. Woher kommt die Bezeichnung **00** für die Toilette?
Hundertprozentig kann die Frage nicht beantwortet werden und es gibt unzählige Theorien. Die wahrscheinlichste Erklärung ist, dass diese Bezeichnung

ihren Ursprung in Hotels hatte. Dort bekamen die Toiletten die Zimmernummer 00 – als eine dezente Umschreibung dessen, was sich hinter der Tür verbirgt. Und Verwechslungen mit anderen Zimmern waren damit auch ausgeschlossen.
Die weiteren Theorien möchte ich Ihnen dennoch nicht vorenthalten, denn sie sind äußerst kreativ. So könnte 00 für eine seitlich liegende Acht stehen – das Zeichen für unendlich, weil gerade die Männer unendlich lange auf der Toilette sitzen können.
Auch eine weitere Erklärung bezieht sich auf die Männer: Auf den Handelswegen des Römischen Reiches waren nur Männer unterwegs. Als Zeichen für die Toilette nahm man das Zeichen 00 – ein Piktogramm für die männlichen Hoden. Es könnte aber auch das Piktogramm eines Hinterns sein. Wieder andere vermuten, dass 00 eine geöffnete Toilette symbolisiert. Auch die Abkürzung des englischen Wortes »Loo« für Toilette ist eine Deutung. Schließlich könnten auch bauliche Umstände hinter dem Kürzel liegen: Früher bestanden Toiletten aus zwei Löchern – durch das eine kam frische Luft herein, durch das andere ging die kontaminierte Luft hinaus.
Übrigens: Die Abkürzung WC kommt aus dem Englischen und steht für »Water Closet«.

Nach diesem – sagen wir bodenständigen – Exkurs zurück in die etwas vergeistigtere Welt: in die Welt der Musiker, Sänger und Schauspieler. Die Rede ist hier allerdings nicht von Soap-Darstellern und vermeintlichen Superstars. Es geht um die Künstler am Hofe des Sonnenkönigs Ludwig XIV.

Vor ihren Aufführungen wünschten sich diese Künstler Glück, denn der französische Monarch war ein sehr temperamentvoller Herrscher. Missfiel ihm eine Aufführung, flog man raus. Gefiel sie ihm aber, blieb man am Hofe und das Auskommen war gesichert. Der Spruch, mit dem sich die Künstler Glück wünschten, ist uns noch heute bekannt – mittlerweile benutzt ihn jedermann, wenn er einem anderen Glück wünscht. Er heißt: **toi, toi, toi**.

»Toi« steht eigentlich für »Fortune à toi«, also »Glück für dich«. Der Wunsch wurde zum dreifachen »toi« abgekürzt, denn aller guten Dinge sind bekanntlich drei.

¡?!

Fehlt nun noch das wohl bekannteste Kürzel, das es in vielen Sprachen gibt – und das wir täglich wahrscheinlich sogar mehrmals benutzen: **OK**.

Das Wort OK ist zum ersten Mal 1839 in einer Zeitschrift in Boston aufgetaucht. Damals war es Mode, Wörter zu verunglimpfen, falsch zu schreiben und dann abzukürzen. OK stand demnach für »oll korrect«. Andere Beispiele waren KG für »know go« (statt: no go – geht nicht), KY für »know yuse« (statt: no use – zwecklos) oder NS für »nuff said« (statt: enough said – genug gesagt).

Ein Jahr später, während des US-Präsidentschaftswahlkampfs von 1840, gelang dem Wort dann der internationale Durchbruch. Der damalige Präsident Martin van Buren, der sich zur Wiederwahl stellte, wurde nach seinem Geburtsort Old Kinderhook genannt – abgekürzt OK. Seine Anhänger nannten sich »OK-Club«. Seit dieser Zeit ist die Abkürzung auch bei uns im deutschen Sprachraum zu finden.

Äußerst populär und weit verbreitet ist auch die Theorie, dass ein gewisser Otto Krause für die Qualitätskontrolle bei einem Autobauer verantwortlich war (meistens wird hier Ford genannt). Wenn ein Produkt in Ordnung war, unterschrieb er immer mit seinen Initialen O.K. Diese Geschichte lässt sich nicht belegen. Je nachdem, wer sie erzählt, variiert auch der Name des Kontrolleurs, auch Otto Kaiser und Oliver Knight werden oft genannt.

Vermutlich handelt es sich bei dieser Geschichte um Volksetymologie – so nennt man den Umstand, wenn Menschen versuchen, unerklärlichen Wörtern einen Sinn zu geben. Je schöner und je lustiger die Geschichten sind, desto schneller und leichter verbreiten sie sich.

# Spiel, Satz und Sieg

Auch wenn König Fußball erst später in diesem Kapitel auftauchen wird, so soll er doch, wie es ihm gebührt, ganz zu Beginn erwähnt werden. Der Klassiker im Fußball: Abseits. Das ist ein Teil des Regelwerks, an dem sich – sollten die Klischees stimmen – so mancher Mann schon die Zähne ausgebissen hat, um es seiner Frau zu erklären. Das weitaus interessantere Phänomen ist aber, dass wir unzählige Regeln bei Sport und Spiel kennen und verstehen, Fragen aber dann auftauchen, wenn scheinbar Selbstverständliches genauer hinterfragt wird.

Ich spiele unglaublich gerne Tennis und habe schon so manches Match bestritten. Warum es aber mal »15–30« oder »40–15« steht, musste ich erst herausfinden.

Die **Zählweise beim Tennis** ist allerdings auch schon ziemlich alt. Schon im 14. Jahrhundert gab es diese Sportart in England und Frankreich, damals noch unter dem Namen »Jeu de Paume« (französisch »paume« – Handfläche). Bei diesem Spiel wurde Geld gesetzt, und zwar ein »gros denier«, ein Geldstück, das den Wert von 15 Deniers, was 15 Pfennigen entsprach, hatte. In einem Satz, der damals aus vier Spielen bestand, wurden also vier mal 15 Pfennig gesetzt, nämlich 15, 30, 45 und 60. Weil es kürzer war – und schneller auszusprechen –, wurde beim Zählen aus der 45 im Laufe der Zeit die 40. Wie bei so vielem, das schon so lange zurückliegt, gibt es auch hier eine zweite Erklärung. Und die kommt von den Linien auf dem Spielfeld. Jedes Mal, wenn ein Spieler einen Punkt gemacht hatte, durfte er seine Angabe ein Stück weiter vorn machen. So kam er nach und nach der Mitte des Feldes immer näher. Er begann bei der Null-Zoll-Linie, machte einen Punkt und durfte zur 15-Zoll-Linie vorrücken. Dann zur 30-Zoll-Linie und schließlich zur 45-Zoll-Linie. Weil die 45-Zoll-Linie dann aber doch sehr nahe am Netz war, wurde sie auf 40 Zoll zurückgesetzt.

Und noch ein Mythos zur Zählweise beim Tennis lässt sich aufklären. Vielleicht haben Sie im Fernsehen schon mal zugehört, wenn der Schiedsrichter englisch zählt. Statt 40 zu null heißt es da häufig »fourty – love«. Das »love«, das für die Null steht, hat mit Liebe nichts zu tun. Es ist die adaptierte Version des französischen »l'oeuf« (das Ei), das als Symbol für die Null verwendet wurde.

Und auch hier, der Vollständigkeit halber, eine zweite Deutung: »Love« könnte sich auch von dem Motto »neither for love nor for money« herleiten, was so viel bedeutet, wie um nichts spielen.

\?!

Wer sich in seiner Freizeit nicht ganz so wild bewegen will wie beim Tennis, spielt – zumindest in Bayern – gerne **Schafkopf**. Der Name des Spiels geht wahrscheinlich darauf zurück, dass die gewonnenen und verlorenen Spiele mit Kreidestrichen notiert wurden. Die Figur, die aus den Strichen entstand, sah wohl dem Kopf eines Schafs ähnlich.
Es kursiert zwar eine zweite Erklärung: Demnach wurde das Spiel früher auf den Deckeln, also den Köpfen von Fässern, gespielt. Fässer hießen in Bayern früher »Schaff«, zusammengesetzt ergibt das Schaffkopf.
Die Quellenlage ist in diesem Fall aber äußerst dünn – die Version mit den Kreidestrichen ist also die plausiblere.

\?!

Ob Schafkopf oder Skat, richtig übel wird es, wenn ein Spiel **Schneider** verloren geht. Nur wer mehr als 30 Punkte hat, ist »Schneider frei« oder »aus dem Schneider«. Aber was hat der Schneider mit dem Kartenspiel zu tun?

Schneider hat man sich früher als sehr dünne Menschen vorgestellt (*vgl. Frieren wie ein Schneider, S. 108*). Im Spott hieß es damals oft, dass ein Schneider nicht mehr als 30 Lot wiege – wobei ein Lot gerade mal zehn bis 20 Gramm entspricht. Daher also der Zusammenhang zwischen den 30 Punkten und dem Schneider beim Kartenspiel.

Die Redensart »aus dem Schneider sein« wurde dann mit der Zeit vom Kartenspielen auf alle möglichen Situationen übertragen, die man gerade so gemeistert hat.

!?!

Jetzt ist es so weit! Wir kommen zum Fußball. Haben Sie sich das Spielfeld schon einmal ganz genau angesehen? Dann ist Ihnen sicherlich dieser **Teilkreis** aufgefallen, der **an der Strafraumgrenze** aufgezeichnet ist. Sein Zweck ist für viele wahrscheinlich so schleierhaft wie die bereits erwähnte Abseits-Regelung.

Dieses Stückchen Kreis ist wichtig beim Elfmeter: Dabei darf außer Torwart und Schütze kein Spieler im Strafraum stehen – alle anderen müssen zwar im Spielfeld, aber außerhalb dieses Bereichs stehen. So weit bekannt. Die Regeln verlangen auch, dass die Spieler mindestens 9,15 Meter vom Ball entfernt stehen müssen, vom Elfmeterpunkt aus gerechnet. Dieser Punkt bildet die Mitte eines Kreises mit einem Radius von 9,15 Meter. Dieser Abstandskreis liegt zum größten Teil innerhalb des Strafraums, in den sowieso keiner reindarf. Ein Teil reicht aber über die Strafraumgrenze hinaus. Genau dieses Stückchen, in dem die Spieler nicht stehen dürfen, wurde auf dem Feld eingezeichnet.

!?!

Ein Elfmeter für die eigene Mannschaft ist immer willkommen, unschön wird es, wenn der Schiedsrichter den Elfmeter für die gegnerische Mannschaft pfeift. Vor allem dann, wenn es gar kein Foul war, sondern der Gegner nur gut geschauspielert und eine **Schwalbe** hingelegt hat.
Schwalben sind dafür bekannt, dass sie besonders elegant und geschickt fliegen können – und das auch ganz nah über dem Boden. Genau das muss der Fußballer natürlich auch tun, wenn sein Sturz besonders dramatisch aussehen soll. Aber es gibt noch eine weitere Gemeinsamkeit, die den Kunstflug beim Fußball ausgerechnet zur Schwalbe macht: Schwalben haben schwache Füße. Und mit schwachen Füßen ist es natürlich naheliegend, dass man lieber einknickt und fliegt …

\?!

Haben Sie schon mal die **Arschkarte** gezogen? Also richtig Pech gehabt? Verzeihen Sie die direkte Frage, allerdings ist sie hier bestens angebracht, denn der Ursprung dieser Redensart findet sich ebenfalls auf dem Fußballplatz. Der Ausdruck stammt aus der Zeit, in der es noch kein Farbfernsehen gab beziehungsweise bevor es sich vollständig durchgesetzt hatte. Damit die Zuschauer zu Hause erkennen konnten, ob eine gelbe oder eine rote Karte vergeben wurde, trug der Schiedsrichter die gelbe Karte in der Brusttasche und die rote Karte in der Gesäßtasche – oder weniger fein ausgedrückt in der Arschtasche. Wurde die Arschkarte gezogen, dann hatte der Spieler richtig Pech.

\?!

Von den Pechvögeln zu den Glückskindern: Nur wer mit Glück reichlich ausgestattet ist, schafft es, den **Jackpot** zu knacken. Weil das gar nicht so einfach ist, warten die meisten Menschen ihr ganzes Leben lang auf sechs Richtige im Lotto.
Der Jackpot geht auf ein berühmtes Kartenspiel zurück: auf das Pokern. Im Amerikanischen heißt der Bube »Jack«. »Pot« ist übersetzt ein Topf oder Sammelgefäß. Der Jackpot ist eine spezielle Eröff-

nungsvariante beim Draw Poker. Die Spieler zahlen, bevor die Karten ausgegeben werden, einen vereinbarten Betrag in den Pot ein. Der Pot ist übrigens meist einfach nur die Tischmitte, in der alle Einsätze liegen. Eröffnen darf das Spiel derjenige, der mindestens zwei Buben, also zwei Jacks, hat. Hat niemand zwei Jacks, bleiben die Einsätze im Jackpot und es wird erneut gegeben. Derjenige, der die Pokerrunde am Ende gewinnt, bekommt den Jackpot. Der dürfte zwar in den meisten Fällen nicht so hoch ausfallen wie die Rekordsummen, die in letzter Zeit das Lottospielen so verführerisch machen. Dafür ist es in einer kleinen Pokerrunde leichter zu schaffen, den Jackpot zu knacken.

!?!

Was auch immer Ihr Lieblingssport oder Ihr Lieblingsspiel ist, Sie sollten die Sache nicht zu verbissen angehen. Hauptsache, Sie haben Spaß dabei – oder anders ausgedrückt: eine Riesen-**Gaudi**. Die hat mit dem katalanischen Architekten Antoni Gaudí rein gar nichts zu tun, auch wenn der an seinen eigenwilligen Konstruktionen sicherlich jede Menge Spaß hatte.

An dieser Stelle sind mal wieder die Lateiner unter uns gefragt: Gaudi ist umgangssprachlich und wird vor allem im süddeutschen Raum verwendet. Es ist die Abkürzung vom lateinischen Wort »gaudium«, was so viel bedeutet wie Spaß oder Vergnügen. Das schöne Kürzel Gaudi haben wahrscheinlich Studenten in Umlauf gebracht.

# Quellen und Dank

Ich hoffe, Sie hatten eine richtige Gaudi mit diesem Buch. Und wenn Sie mal eine Frage des Alltags plagt, einfach reinklicken unter *www.bayern3.de*. Dort finden Sie ein Formular für Ihre Frage und ich freue mich jetzt schon darauf, mich für Sie auf die Suche zu machen.

So gilt mein Dank natürlich zuallererst den *Bayern-3*-Hörern, die uns tagtäglich mit einer Flut »frischer« Fragen des Alltags überhäufen. Davon lebt diese Rubrik und so ist sichergestellt, dass wir Ihnen noch viele weitere Antworten liefern können.
Mein Dank gilt weiterhin *Bayern 3*, der *Bayerischen Rundfunkwerbung* und dem *nymphenburger Verlag*, ohne die ich nicht die Chance gehabt hätte, dieses Buch auf den Markt zu bringen.
Täglich eine Frage des Alltags zu recherchieren und vorzubereiten, das ginge nicht ohne die Hilfe mehrerer Kollegen aus dem *Bayern-3*-Team. Nament-

lich erwähnen möchte ich Marc Schindlbeck, Günther Rehm und Karsten Schwartz. Vielen Dank für die Unterstützung!

Noch bevor die Lektorin das Manuskript in die Finger bekam, war es mir wichtig, dass die Texte gegengelesen, kritisch begutachtet und korrigiert wurden. Ich weiß, wie viel Arbeit das bedeutet. Deshalb möchte ich mich ganz herzlich bei Sabine Deuter von *www.bayern3.de* bedanken, denn sie hat diesen Job auf sich genommen und nicht mit Kritik und Motivation gespart. Dank ihr können Sie auch jeden Tag die Fragen des Alltags auf unseren Internetseiten nachlesen.

Last but not least möchte ich all den Experten danken, die uns tagtäglich bei der Suche nach Antworten so tatkräftig unterstützen. Stellvertretend für alle möchte ich die *DUDEN-Redaktion*, *Wahrigs Wörterbuch* und das Forschungsinstitut für deutsche Sprache erwähnen. Außerdem Professoren vieler deutscher Universitäten, Experten bei Modeschulen, Militärmuseen, Brauereivereinigungen, Kondomherstellern, Bürgermeistern, Optikern und und und. Diese kunterbunte Reihe ließe sich lange fortsetzen.

In zahlreichen Telefonaten und E-Mails habe ich überall Menschen angetroffen, die ihren Job vortrefflich beherrschen.

Ich freue mich auf die weitere Zusammenarbeit!

# Register

## E



## F



## G

## H



## J



## K

## L



## M



## N



## O

## *Können Vögel husten?*

*111 Antworten auf Fragen, die Ihnen schon immer auf den Nägeln brannten. Herausgegeben von Karl-Heinz Wellmann. 224 Seiten. Serie Piper*

Wie entsteht Magenknurren? Seit wann gibt es Schultüten? Wie predigt man einer Gardine? Und warum packt man beim Verschwinden genau 7 Sachen? Diese und viele andere Fragen haben die Zuhörer des Hessischen Rundfunks in der Sendereihe »hr1-Entdeckungsreise« gestellt. Nach dem großen Erfolg des Bandes »Haben Fische Durst?« haben Wissenschaftsredakteur Karl-Heinz Wellmann und sein Autorenteam nun weitere 111 Fragen mit ebenso überraschenden wie unterhaltsamen Antworten versammelt.

»Müttern und Vätern sowie Großeltern, die sich ratlos mit neugierigen Fragen des Nachwuchses konfrontiert sehen, weist dieses Buch den Ausweg aus der Wissenslücke.«

Frankfurter Allgemeine Zeitung

## *Haben Fische Durst?*

*111 Antworten auf Fragen, die Ihnen schon immer auf den Nägeln brannten. Herausgegeben von Karl-Heinz Wellmann. 192 Seiten. Serie Piper*

Wollten Sie auch schon immer wissen, warum die Brennnessel so brennt und ob man am Nordpol mehr wiegt als am Äquator? Woher kommt der Begriff »Saftladen« und woher hat der Rauschgoldengel seinen Namen? Diese und viele andere Fragen haben die Zuhörer des Hessischen Rundfunks in der Sendereihe »hr1-Entdeckungsreise« gestellt. Wissenschaftsredakteur Karl-Heinz Wellmann und sein Autorenteam haben mit Hilfe von Experten und Nachschlagewerken Antworten gefunden und die verblüffendsten und unterhaltsamsten davon in diesem Buch versammelt.

»Zu entdecken gibt es nette Geschichten, Aha-Effekte und Sachen zum Lachen. Die Texte sind jedoch nicht in Fachchinesisch, sondern allgemeinverständlich, leicht lesbar und vergnüglich geschrieben.«

Frankfurter Allgemeine Zeitung



05/2172/01/L

05/2173/01/R

## Uwe Böschemeyer

### *Das Leben meint uns*

*111 Ermutigungen für Paare.*
*166 Seiten. Serie Piper*

Der Streit ums Geld, ein kleiner Konflikt beim Autofahren, der vergessene Geburtstag, die unfreundliche Bemerkung am Morgen – oft beginnt damit die Krise in einer Beziehung. Doch, so der erfahrene Psychotherapeut Uwe Böschemeyer, fast jede Krise ist auch eine Chance. Wenn Paare nach den Zielen eines gemeinsamen Lebens fragen, ist ein Neubeginn möglich. In nachdenklichen Texten, Fallgeschichten und kleinen, sofort einleuchtenden Alltagsszenen zeigt der Autor die Probleme und Ziele einer Beziehung. 111 Ermutigungen für Paare.

»Auf der nach oben offenen Qualitätsskala der Beratungsbücher belegt das Buch einen Spitzenplatz.«
www.wissen.de

05/1407/01/L

## Paul Watzlawick

### *Wie wirklich ist die Wirklichkeit?*

*252 Seiten. Serie Piper*

Paul Watzlawick klärt auf unkonventionelle und amüsante Weise darüber auf, was die sogenannte Wirklichkeit tatsächlich ist. Denn sie ist keineswegs das, was wir naiv »Wirklichkeit« zu nennen pflegen, sie ist vielmehr das Ergebnis zwischenmenschlicher Kommunikation, was Watzlawick mit vielen verblüffenden Beispielen belegt.

»Dieses Buch sollte zur Pflichtlektüre für jene gemacht werden, die für alles eine Erklärung parat haben und sie als objektive Tatsachen anpreisen. Politiker, Soziologen, Theologen, Lehrer, aber natürlich auch Kritiker und Journalisten sollten sich Watzlawicks Buch unters Kopfkissen legen.«
Rias Berlin

05/1799/01/R

## Udo Pollmer, Susanne Warmuth

### *Lexikon der populären Ernährungsirrtümer*

*Mißverständnisse, Fehlinterpretationen und Halbwahrheiten von Alkohol bis Zucker. 368 Seiten. Serie Piper*

Margarine ist gesünder als Butter, Müsli ist nahrhafter als Weißbrot, Tiefkühllebensmittel enthalten mehr Nährstoffe als Dosenware – die Liste von gängigen Ernährungsirrtümern ließe sich beliebig fortsetzten. Der Lebensmittelchemiker Udo Pollmer und die Biologin Susanne Warmuth haben liebgewonnene Ernährungsgewohnheiten und Halbwahrheiten von A wie Alkohol bis Z wie Zucker kritisch unter die Lupe genommen. Ihr informatives Lexikon ist ein Plädoyer für einen gelasseneren Umgang mit unserem Essen und für mehr Vertrauen in unseren Körper und seine Bedürfnisse.

»Pollmer und Warmuth stellen fast alles auf den Kopf, was wir über die Wirkungen des Essens zu wissen glaubten.«
Focus

05/1828/01/L

## Udo Pollmer, Gunter Frank, Susanne Warmuth

### *Lexikon der Fitneß-Irrtümer*

*Mißverständnisse, Fehlinterpretationen und Halbwahrheiten von Aerobic bis Zerrung. 432 Seiten. Serie Piper*

Fit, jung und dynamisch bis ins hohe Alter mit Power-Walking, Hormonkuren und gesunder Ernährung? Vieles von dem, was Sport-Gurus und Fernsehmagazine über den Segen der Fitneß behaupten, gehört ins Reich der Irrtümer und Halbwahrheiten. Die Autoren konfrontieren die Legenden um Sport, Körperkult und Gesundheitswahn mit der Realität und warnen vor Bewegungsterror und Wellness-Hysterie. Ein wohltuendes Plädoyer für einen pfleglichen Umgang mit dem eigenen Körper, das immun macht gegen die vollmundigen und meist kostspieligen Versprechen der Gesundheitsindustrie.

05/1925/01/R

SERIE PIPER

## Martin Cohen

### *99 philosophische Rätsel*

*Aus dem Englischen von Dirk Oetzmann. 272 Seiten mit 87 Abbildungen. Serie Piper*

Ist Zeit umkehrbar? Kann Achilles die Schildkröte überholen? Was ist Liebe? Schon die alten Griechen hatten ihre Freude daran, verblüffend einfache Fragen zu stellen, um sich dann tagelang die Köpfe zu zerbrechen. Martin Cohen hat 99 philosophische Rätsel zusammengestellt, die ganz spielerisch in philosophisches Denken einführen. Leicht verständlich und unterhaltsam erklärt er Grundbegriffe der Philosophie und stellt bekannte Geistesgrößen vor. Ein Buch, mit dem jeder zum Philosophen werden kann!

»Eine ideale Ein- und Verführung in die Philosophie.«
Bild der Wissenschaft

05/1990/01/L

## Bert Ehgartner

### *Die Lebensformel*

*Sieben Voraussetzungen für ein glückliches lange Leben. 336 Seiten. Serie Piper*

Warum gelingt es einigen Menschen, ein glückliches langes Leben zu führen, während andere chronisch krank werden oder früh sterben? Auf der Suche nach Antworten auf diese Fragen durchforstete Bert Ehgartner alle beweiskräftigen Langzeitstudien der Medizin und fand heraus, dass die Entscheidung in der Lebensmitte fällt. Menschen, die bis ins hohe Alter ein aktives Leben führen, erfüllen bereits Jahrzehnte davor sieben wichtige Voraussetzungen. Mit dem eigens für dieses Buch entwickelten großen Lebensformel-Test können Sie schon heute ermitteln, wo Ihre persönlichen Risiken und Stärken liegen. In einem einfach zu realisierenden Sieben-Punkte-Programm hilft Ihnen das Buch, den optimierten Lebensstil zu finden, der Sie zu einem genussvollen glücklichen Leben führt.

05/1991/01/R

## Douwe Draaisma

### *Warum das Leben schneller vergeht, wenn man älter wird*

*Von den Rätseln unserer Erinnerung. Aus dem Niederländischen von Verena Kiefer. 336 Seiten. Serie Piper.*

Warum verschwinden in der Erinnerung manche Tage, während wir auch in vielen Jahren noch sagen können, was wir am 11. September getan haben? Wie funktioniert das Gedächtnis? Und warum vergeht das Leben schneller, wenn man älter wird? In seinem Meisterwerk über das Erinnern und Vergessen liefert Douwe Draaisma die Antwort auf diese und viele andere Fragen – ein Buch, so überraschend und vielschichtig wie das menschliche Gedächtnis selbst.

»Von einem Wissenschaftler mit so viel Sinn für die Poesie und für die Unergründlichkeiten des Lebens läßt man sich gern die Rätsel der Erinnerung erklären.«
Badische Zeitung

05/1992/01/L

## Paul Watzlawick

### *Wenn du mich wirklich liebtest, würdest du gern Knoblauch essen*

*Über das Glück und die Konstruktion der Wirklichkeit. Herausgegeben von Heidi Bohnet und Klaus Stadler. 224 Seiten. Serie Piper*

Als Psychotherapeut und Konstruktivist ist Paul Watzlawick (1921–2007) weltberühmt, seine »Anleitung zum Unglücklichsein« ist Kult. Ob es um Glück, Liebe, schwierige Beziehungen zwischen Menschen, die wirkliche Wirklichkeit oder die Mentalität der Amerikaner geht: Es lohnt immer, Paul Watzlawicks Denken kennenzulernen. Dieses Buch bietet seine wichtigsten und unterhaltsamsten Texte.

»Lebenshilfe auf höchstem Niveau.«
Österreich Wien

05/2232/01/R

SERIE PIPER